슬픔이 없는 땅으로
데려다 주오

2015 문학위원회 작품집

슬픔이 없는 땅으로 데려다 주오

경기민예총 문학위원회

시와문화

■작품집을 내며

다시 길을 찾아서

2015년에도 폭력이 지구 도처를 피로 물들였다. 불평등이 근본 원인이라는 테러 속에 국경마다 넘치는 난민이 새로운 슬픔의 국경을 만들고 있다. 우리나라 또한 난민이 넘쳐 사회 경제적 난민에 청춘 난민까지 합하면, '이상한 난민의 나라'가 따로 없을 지경에 처하고 있다.

그런 속에서 우리는 무엇을 했는가. 봄을 앗아간 메르스사태 때문에 늦춰 연 〈2015 문학을 넘어 경계를 넘어〉 콜라보레이션과 가을 문학답사를 즐거운 참여로 마쳤다. 사이사이 슬픈 땅을 찾아 무력하나마 아픈 노래를 부르거나 세월호 해결 촉구며 국정화 반대 광장에도 나갔다. '가만히' 따르라는 '명령'으로 옥죄는 침몰에 구멍이라도 내고자 나름의 길을 찾고 헤매고 구했다. 어명의 재림이라니, 거꾸로 도는 시계 궁전에 사나 보다. 혹시 '不醉無歸' 같은 어명이라면 또 모를까.

이번 작품집에 시 쪽은 근작 한 편과 지역 관련 시를 한 편씩 넣었다. 산문 쪽은 분량을 고려해 소설, 산문, 동화 등 분야별로 한 편씩만 실었다. 평론은 지역 시편의 면면을 더 읽어보는 총론으로 청해 넣었다. 지역에 대한 시에서는 우리가 발 딛고 사는 지역의 속내와 살내를 다시 만나는 새로운 시간이 될 것이다.

한 해를 돌아보니 창궐하는 슬픔들을 또 무기력하게 넘기고 있다. 그러므로 더욱 '지금, 이곳' 의 슬픔들을 거름 삼아 기름 삼아 나아가야 하리라. 그렇게 함께 나아갈 때 '슬픔이 없는 땅' 에 닿을 날도 있으리라.

문학위원회 위원장 정수자

|차　례|

제2부 산문

■초대시

손님 외 1편

고 은

홍적세의 누가
충적세의 누구에게 왕림하셨소이다
먼 길손이시니
열렬환영이시기를

어둠이 빛으로 왕림하셨소이다
비유가 아니시기를
비유가 싸가지 없는 사기로 되는
서글픈 밤들이 아니시기를

캄브리아기紀
빛이 어둠의 전신이시듯
오늘따라
폭포소리 없는 폭포같이 스파이같이

불현듯 여기 낙하하셨소이다

추우실 터이니
옛날 옛적 춘궁기 이전 미지근한 온돌 아랫목에 앉으시도록
그동안
어둠의 수행이든 빛의 외설이든 두루두루 무방하셨소이다

어떤 어명御命

고 은

그대 취하지 않고는
못 가

이 지상 만방萬邦 몇 천 년
몇 만의 왕과 참주들 켜켜이 승하하셨도다
그들의 생전
몇 백 만개의 왕명王命 내리셨도다

이 가운데서
가장 아름다운 곡조의 어명*

그대 취하지 않고는
못 가

그 어디메 그 어디메 그 어디메
이런 최상승最上乘의 왕이리잇가 왕명이리잇가

수원 팔달시장 언저리 빗돌 하나
2백여 년 전 정조의 술상머리
머리 조아려
그윽이
그윽이
삼가 취하올진저

성은망극이올진저

* '不醉無歸', 정조가 화성에서 신하들과 술 마실 때의 명.

제1부

시

그리운, 통영 외 1편

강 정 숙

풀 먹인 베옷인 양 각이 선 억양하며
장바닥 활어 떼로 퍼덕대는 물살이며
제승당 벼린 빛살도 애오로지 외곬이라
바라보는 것만으로 몸이 곧아지는 시간
통영, 하고 부르면 북소리로 화답할
그 울림 가슴에 품은 한 사내를 생각한다
먼별의 발치께서 불을 켜는 미래사*
오를수록 멀어지는 아득한 그 높이에
한발 더 다가가고 싶어, 애가 끓는 저녁이다

*통영 미륵산에 위치한 절 이름

오래된 집*

봉분들이 모여 사는 오래된 그 마을에는

첩첩 등을 맞댄 정적만이 이웃이다

그 바닥
자생 꽃 같은
조화들만 펄럭대고

눅눅함과 애틋함이 고봉으로 쌓인 한낮

살아 수없이 옮겨 다닌 낡디낡은 집 한 채가

또 다시
이사 오는 곳,
흙빛 사뭇 붉은 집

*경기도 광탄면 용미리

먼지잼* 외 1편

권 오 영

보이지 않는 비 온다
종일 널려 있던 이불
무겁다
가슴이 축축하다
등이 바닥에서 떨어지지 않는
단 5분이 무겁다
냉장고 문 열고
비타500을 내 몸에 흐를 流를 몸이
가벼워지는 시간 17茶를 마시는
50분이 무겁다
낙타 무늬 이불이 눕는다
천근 눈꺼풀 더운 이마
바람처럼 보이지 않는데
먼지비 날린다
출렁이는 등 무겁다
오늘은 말일
귀한 편지처럼 쌓아둔 고지서 개봉되는 60초

흘러가는 벽
길이와 간격이 둥근 법 없이
귀퉁이 날선 네모난 이불 네모난 잠
네모난 바닥 멈추는 법 없이
작동되는 네모난 숨소리 네모난 공기
딱딱 귀를 맞춘 가지런한 단 하루
질서정연한 6월 30일 새벽 2시
방 안 가득 보이지 않는 비 온다

* 바람 속의 먼지나 날리지 않을 정도로 조금 오는 비.

붉은 손

손톱 다 빠지도록 미친 듯이 기어올랐지

시멘트벽 찍어 누르며 내 몸 파고드는 잔뿌리들
벽을 바닥처럼 여기며
3층, 4층, 5층, 기어올랐지

멀리서도 잘 보이는 아파트 벽화 장안문
그 문 빠져 나가려 손톱에 힘주기 여러 차례

오르다 가끔 멍든 손가락 들여다보았지
잘려진 닭발 모양으로 푸르다 못해 검은 자국

가득 찬 모이 모래와 섞여 쏟아져 나올 때
창자 사이로 반짝, 윤기 흐르던 노란 알들

물 쏟아 붓는 엄마 손 붉었지

흐르는 물 쏟아지는 통로
어느 길 하나 빠뜨리지 않고 발 디뎌보고
뿌리 내려야 할 것처럼 담장 옆 다시 그 자리

길을 잃고 말았지

프롬프터 여자 외 1편

권 혁 재

무대 뒤 장막 속
관객들이 눈치를 못 채게
주연배우의 동선을
보디가드처럼 따라다니지
남들이야 스태프 중 한 명이라고
신경조차 쓰지 않는 방백의 대사로
흩어지는 무대 너머의 무대에
숨은 제 삼의 배우
의식 없는 목소리가 가식된 연기로
대사를 읽어 내려가는 철저한 배우
거짓 찬사들이 무대에 쌓일수록
철없는 관객들은 프롬프터의
얼굴만 웃으며 쳐다보지
어쩌다 행간의 대사가 뒤바뀌어도
낮은 목소리로 귀엣말을 해주는
시녀들이 많기도 하지
제 대사, 제 SCENE을 찾아 제 목소리를

내지 못하는 무대에 가려진
프롬프터의 여자
그 여자가 장막 속에 있지.

청룡사 대웅전 기둥

마음 한 편에 굽은 길이 있는 듯
합장을 하고 나서도
잔뜩 성이 난 나한상의 얼굴은
반듯하게 펴지지 않는다
기실 마음이 굽은 것 같아
멀리 비껴 서서 목측을 하여도
소가 떠난 숲길은
심우도에서 굽어 있다
대웅전 처마가 기침을 할 때마다
대들보에 얹힌 기둥들이
몸을 움츠리며 잠시 굽은
허리를 펴곤 한다
공양을 바치러 가는 보살들이
어쩌다 기둥 허리를 만지작거리면
부처가 눈치 채지 못하도록
영겁 동안 참았던 사래를 뱉어낸다
처음 출가할 때 부처의 마음인 듯
굽은 대로 불사를 세우고
굽은 길에서 굽은 잠을 자는 장좌불와
부처가 가부좌로 앉은 보리수기둥처럼
굽은 등이 온통 붉다.

다낭 책방 외 1편

권 현 형

뒤축이 닳은 기억을 기억해야 한다

숙명을 받아들이는 사람처럼
엊그제부터 먹이를 받아먹지 않는
어항 속 늙은 물고기를 스승 삼아

배낭은 가볍게 손톱 끝에 한 줌 쥐어지는 언어만
일용할 양식도 되지 않는 비릿한
언어의 알갱이만 몇 알 싸들고

긴 사랑에 빠진 연인은 그냥 두고
악몽 속에 두고
아침부터 새들이 말을 걸어오는 모감주 나무 아래를 지나간다

새의 웃음은, 새의 울음은 만개해 있다
미리 웃거나 미리 울 줄 아는 생의 여유는
지난 여름을 겪은 자의 것이다

색이 달콤한 꽃은 인생이 쓰디쓰다는 것을 알고 있다
흔들렸던 시간을 잊지 말아야 한다
죽비처럼 단단한 고요는 걸음을 멈추지 않을 때 오는 것

무슨 일 때문인지 꽃집 앞부터 정육점 앞까지
울면서 걸어갔던 반나절이 있었다

귀가 중인 사람들의 어깨와 귀가하지 못한 어깨가 부딪혔지만
나만 보였다, 남의 얼굴이 보이지 않을 때도 있음을

태국에서 캄보디아로 아침에서 점심으로
점심에서 저녁으로 그리고 저녁에서,
말발굽을 갖추고 있는 다낭으로 날마다 국경을 넘어간다

누군가 속으로 울었다

비행길 타고 싶어
청동 말 잔등 같은 바다가 보고 싶어
어둠이 비상착륙해 있는 비행장 지나
눈 내리는 포구에 서니
눈발이 소리 없이 뺨을 후려친다

살얼음 박힌 억새밭
억새만 무성하게 자란 사리포구
배가 드나들었던 자리
바다도 게도 아무것도 키우지 않는
검은 자궁 바라본다

어디선가 고양이 울음소리가 들린다
속으로 생을 앓고 있는 자의
내지를 줄 모르는 비명이
혹 이명처럼 내 안에서 새어나왔는지도

눈 내리는 포구를 느릿느릿 혼자 걸어가는
암고양이의 엉덩이를 바라본다
포구를 낳은 것이 저 암고양이 아니었을까

포구였던 자리, 바다도 배도 출렁거리지 않는 곳
암고양이처럼 무언가 낳고 싶다

코골이 詩

금 은 돌

어찌나 말을 잘 하던지, 템플 스테이에서 만난 육십오세 퇴임 여교사,
선암사 주지스님이 한 말씀 던지면 백과사전격으로 두어 말 보태시니,
그랬던 그녀가 코를 골기 시작한 것이었다.

이불을 펼치자마자 졸음 고개로 떨어지기 시작하는데
그녀 옆에서 나는 시를 쓰겠다고 꼴값을 떨었던 지라,

장군산 아래, 여교사가 비벼놓은 코골이 언덕에 아슬아슬한 문장을 걸쳐 놓았것다. 굴목이재 돌계단 불규칙한 어긋남에 종일 산행으로 아린 무릎, 옹알이로 아랴아야 하는데 아차차,

성난 골짜기에 휘몰아치는 드르렁에
결정적인 시어, 화들짝
나자빠지고

문門을 열어 보니, 부르튼 매화나무

꽃잎들이 놀라 저절로 떨어지는구나.

맺혔다 풀렸다 들창코 벌름거리는 높낮이 따라
장군산이 온통 흔들렸것다.

새벽 매화마저 오르락내리락 나명들명
외로운 나의 시는 어디로 튕겨가려나?

숨이 멈춰,

간만에 김빠진 코골이 염불 소리에 딱새가 치고 나갔나?
죽음 고개를 기어코 넘고 계신가, 거참
롤러코스터를 타는 것 같구만.

숨고랑 타고 건넌방 문지방으로 넘어가는 구렁이
숨죽이네 그려.

돌아오시게, 참한 봄바람에 끌려 나갔다 여직
돌아오지 못한 나의 뮤즈여.
드라마틱한 코골이 차라리, 백번이라도 들어주겠으니

급기야, 나는 공책 위로 손을 뻗지 못하고
매화 할머니에게 꽃이라도 한껏 피우시라고
독수공방, 문門 닫아드렸던 것이었다.

마윤도 씨

사람들이 어떻게 죽었는지 아세요? 백화점이 무너져 내릴 때 진열창 유리가 회오리바람을 일으켰더라고요, 1995년 6월 29일 오후 5시 57분경, 그는 일가친척이 모여 살던 인수봉 아래 집을 그리워했다.

유리 파편이 누군가의 얼굴을 긋는다

안성 보개 도서관 행복한 글쓰기 강좌에 찾아온 그는 '인수봉을 바라보며' 라는 닉네임을 가지고 있었다. 양재동 시민의 숲에서 삼풍백화점 추모 행사를 진행해 오던 그. 사장이란 놈이 어떻게 됐는지 아세요? 젊은 여자랑 재혼해서 몽골 가서 살고 있더라고요. 얼굴이 맑아져 가지고 그놈이 나보고 물 떠 오라고 심부름시키는데

유리 파편이 누군가의 정강이를 찌른다

이젠 아무도 슬퍼하지 않아요. 이게 말이 되나요? 비인기 종목 국가 대표인 아들이 부상 땜에 선수 생활을 못 하게 되었단다. 아내에게 처음으로 손 편지를 써 봤어요. 그는 사은품 물티슈를 선물한다. 그는 손 글씨 담긴 엽서를 선물한다. 그는 열쇠고리를 선물한다. 내 얘기를 글로 쓰고 싶어요.

유리 파편이 누군가의 발등에 떨어지고

비가 내린다. 2014년 7월 24일 세월호 100일째. 깁스를 한 손목, 가족들의 증언이 잇따르는 그곳에서 나는 글을 쓰지 못한다. 비는 그들의 어깨를 적시지 못하고 비는 광화문까지 걸어오느라 불어 터진 발가락 사이 휴지를 적시지 못하고, 나는 아무 것도 아니고, 삼풍 사고보다 내 자식 일이 더 힘들었어요.

유리 파편이 누군가의 손목을 스치고

글 쓰러 오세요, 전화 걸었더니 아들이 대신 받는다. 부음訃音 위로 떨어지는 빗방울들, 백지를 내보이며 글을 찾고 있던 그의 손목은 어디로 갔는지

그의 목덜미엔 칼자국이 남아 있었다

룸메이트 외 1편

김 선 향

미신 따위에 속아 그를 버렸다.
그는 며칠을 우두커니 서 있다가 영영 사라졌다.

연말이라서 우린 한없이 센티멘털했고 처음부터 눈이 맞았다, 마술사와 그의 모자처럼. 대설주의보와 한파주의보가 겹쳐서 우린 룸에서만 갇혀 지내야 했다. 건자두와 햇반 같은 비상식량을 축내면서. 외투에 페도라를 쓰고 유리창에 매달려 함성이 사라진 야구장을 내려다보기도 했다. 그러다가 고드름이 되었다. 혼자서는 아무것도 할 수 없었다, 그는 내 수족. 나는 자주 훌쩍거렸다. 올빼미처럼 밤을 지새울 때면 그는 백허그를 하며 속삭였다. 네 복숭아뼈가 붙으면 퍼레이드를 보러 가자. 내일 밤엔 슈퍼문이 뜬다잖아, 응? 그는 두 손으로 달을 만들었다, 판타스틱하게. 다리 다친 기념으로 시 한 편 건지면 되잖아, 그는 히죽거렸다. 우린 곧바로 부주키* 리듬에 맞춰 고개를 까딱거렸다. 뉴스도, 신문도 보지 않았다. 누구도 만나지 않았다.

깁스를 풀고 난 후, 목발을 갖고 있으면 다리가 또 부러진다는 말을 들었다.

*그리스 민족악기

왕대포

감봉減俸처럼 줄어든 가을볕을 따라
화성華城을 돌다가 입이 궁금해지면
화홍문華虹門 어귀 왕대포에 오셔서 대포 한 잔 하시지요
뚱땡이 주인은 침을 흘리며 오수에 빠져 있군요
깨울까 말까 나갈까 말까 머뭇거리다가
막걸리 반 주전자를 펴서 새끼고양이와 수작酬酌을 합니다
공짜 안주인 미역귀도 한 주먹 내오고요
서너 개 탁자는 오늘따라 무료하군요
주인 아저씨처럼 사는 것도 나쁘진 않아, 그치?
새끼고양이가 고개를 끄덕입니다
참한 주인 아주머닌 춤바람이라도 나신 걸까요
다 저녁인데도 돌아오실 줄 모르고
그나저나 이 한갓진 대폿집에 한 번 들르시지요
하릴없이 쓸쓸할 땐 언제라도 좋지요

비 외 1편

김 영 주

어쩌자고 밥줄 앞에 접두사로 붙었는가
윗입술 아랫입술
'비!' 그 짧은 입맞춤
무언가 비밀스러운 모의처럼 암묵처럼

비정상이 정상이고
비상식이 상식이 된
비주류 그 언저리 죽은 듯 견디는 힘
비탈길 비틀거리며 써내려가는
비망록

탁발

민달팽이 일보 일배 해탈문*을 나섭니다

저 한 몸 달랑 들어갈
걸망 하나 지고 가다가

아니다
이 집도 크다
다 버리고
갑니다

*경기도 오산시 보적사 입구에 있는 석문石門. 독산성의 동문東門으로, 잘 다듬어진 돌로 쌓아진 문에 여름철이면 담쟁이덩굴이 아름답다.

빈집 외 1편

김 왕 노

빈집이 오래 전 된 집
달빛과 잡풀이 차지한 집
먼지의 나라가 된 집
쥐들이 매화 꽃잎 같은 발자국을
먼지 위에 하나 둘 찍어보는 집
우물물이 새파랗게 차올라서
떠나간 사람을 기다리다가
날마다 시무룩해지는 집
그래도 끝내 꺼뜨릴 수 없는
기다림의 불씨가 반딧불이로
하나 둘 피어오르는 집
지붕에 생살구가 떨어져
누가 있나 똑똑 노크하는 집
때 되면 수국 꽃 환한 집
바람이 마당 가득 찼다가
우우우 떠나는 집
빈집이어도 빈집이 아닌 집

서장대에서

저 별이 보이니?
푸른 구름 같은 내 청춘이 뭉치고 짜부라지고
각질화되어 이룬 별
저 별이 떠나간 내 슬픈 늑골이 보이니
우리가 꼬리치고 꼬리쳐도
도저히 이를 수 없는
먼별이 된 우리의 시절이 보이니
강물에 담그고 물장구쳤던
우리의 하얀 복숭아 뼈가 이룬 저 별이
과연 보이기는 하고 느끼기는 하니
소용돌이치는 블랙홀 근처에
자리 잡아 반짝이는 별이 보이니?

첫눈 외 1편

김 천 영

하얀 가로등 불빛 아래 집으로 가는 군내버스를 기다리는 동안 눈이 펑펑 내리네요 우리 언젠가 첫눈 오면 만나자고 부질없는 약속을 했던가요 머리에 쌓인 눈 털듯 당신이 잊히면 좋겠네요 어깨에 쌓인 눈 툭, 털어내듯 당신을 잊으면 좋겠네요

여주 터미널에서

여주 버스터미널 안 커피숍, 보랏빛 의자에 앉아 첫차를 기다린다 유리창 밖, 새벽 비가 그친 거리는 젖어 있고 늙은 택시 기사들 몇이 담배를 피운다 철지난 잡지를 뒤적이고 있는데 젊은 연인이 들어와 구석에 자리를 잡는다 잠시 후, 소리 나는 쪽을 보니 여인이 흐느끼고 있다 마스카라는 눈물에 번지고 두 남녀는 손을 놓지 못한다 서럽게 우는 여인의 어깨 너머로 버스는 부릉거리고 커피는 식어간다

나도 한때 이별은 세상의 끝이라 생각하지 않았던가

김봉환 외 1편

맹 문 재

회사에 산재 요양을 신청했지만
거절당했네
노동부에 재신청했지만
거부당했네

독가스를 마시고 죽어야 한다니
원진레이온 소모품으로 쓰이고 만다니

손발이 뒤틀린 그는 물러설 수 없었네

*김봉환(1938~1991) : 경기도 남양주 소재 원진레이온에서 일함.

최태욱

그가 노조 얘기를 꺼냈을 때
아내와 세 살 된 아들과 아흔 넘은 부모는
위험하다고 말렸네

노동조합은 함께 잘살아보려는
합법적 조직이라고 설득했네

노동자가 잘사는 일이 얼마나 어려운지
해고당하면서 알았네

노동자가 잘사는 일이 얼마나 가능한지
투쟁하면서 알았네

* 최태욱(1968~1990) : 고려피혁 성남 공장에서 일함.

아득히 오래 전부터 이 강가에 있었다 외 1편

박 설 희

오랜 옛 이름으로 누군가 나를 불렀다
처음 듣는 그것이 내 이름인 줄 알았다
정강이 드러낸 채 첨벙첨벙
강의 이쪽과 저쪽을 하루에도 몇 번씩 오가던 시간
웅녀가 마늘을 먹기 이전부터
첫꿈을 꾸기 이전부터

추운 동굴에서 짐승의 생살을 뜯어 건네던 손
강을 거슬러 오르는 물고기를 찍어 누르던 힘줄
죽음이 결부돼 있던 때문일까
매번 아픈 이별로 끝났던 사랑
내생을 기약하며 숨을 놓던 순간들
아득히 오래 전부터 이 강가에 있었다

수심에 잠긴 검은 돌 위에 앉아
폭우와 홍수를 맞았다
백두산 천지에서 텀벙거리던

흰 구름이 떠내려온 적도 있으나
걸쭉한 시궁창 냄새가 났다
아무도 그것을 구름이라고 부르지 않았다

노루 같은 등을 향해 총탄이 이따금 박히고
이국의 유람선이 그 피를 흩뜨리며 항해했다
카메라 플래시와 노래와 웃음이 팡팡 터지는
국경선, 물인 채로 바람인 채로
여전히 기다리는 습성만 남아

두만강 푸른 물은 더 이상 없다
흙탕물 같은 기다림만 있을 뿐

연화장*

유족에게 정중히 조의를 표하고
홍어와 육개장으로 배를 채운 직후,
입에 불을 담는다
담배는 불씨의 묶음이다, 알갱이들이
낱낱의 불씨를 전하며 연소되어간다
한 모금 빨아들일 때마다
불꽃이 강한 생명력을 얻는다
입속을 빠져나온 연기는
뿌연 는개 속에서 뭉쳤다 풀리며
한 잎 두 잎 꽃잎을 피워 올린다
공중에서 뻗어가는 덩굴 모양의 줄기
무언가를 찾는 듯 촉수를 내뻗는다
고인은 몸에 있는 꽃을 다 불러내어
한바탕 흐드러지게 피었다가
연화장을 휘감고 돌다가
공중에서 스러질 것이다
입술에 통증이 느껴진다
필터에까지 이른 불꽃
재가 무겁게 목을 꺾는다
음식 냄새와 연기가 뒤섞인 입 안

청소라도 하듯 침을 모아 바닥에 뱉는다
화끈거리는 입술에 침을 바른다

*수원에 있는 장례식장 겸 화장장

압록 애인 외 1편

박 완 호

너를 어떻게 불러야 할까.
압록 강가 저만치
백양나무 줄기 같은 다리를
가지런히 오그리고 앉아 너는
무슨 노래를 부르는 중이었나.
물살이 몸을 뒤척일 적마다
네 귀에만 가 닿았으면 하고
남 몰래 띄워 보낸 나의
뜨거운 속말들.
너의 등 뒤로 가지런히 늘어선
백양나무들 그림자 하얗게 흔들어가며
날더러 또 뭐라 손짓을 하지만
우리는 서로의 말을 알아듣지 못한다.
너는 나를 부르지 못하고
나는 너를 부를 수 없는 지금,
압록의 물낯만 저리게 반짝이는데
홀로라도 나는

그 순간의 너를 애타게 찾으며
또 하나의 그리움을
운명으로 끌어안으려 한다.
압록 강가에서 마주친
나의 눈부신 사람아.

모란 블루스

모란 장날 저녁,
분당선 철로를 끼고
칠순은 되어 보이는 남자와 여자가
유리창에 들러붙어 서로를 향해
애타게 손을 흔들더니, 전화기에 대고
잘 들어가, 응, 조심해서,
남들이야 보든 말든
물기 촉촉한 말투를 주고받으며
등나무 마른 거죽에 핀
연보라꽃무늬 잔잔한 수화를 날린다
둘의 목소리를 집어삼키는 신호음을 따라
양쪽의 열차가 나란히 멎었다 출발하고
멀어져가는 열차의 꽁무니를 쫓던
사내의 눈길에
잠깐 물방울꽃이 피었다 질 때
그의 눈가에 맺혀 있던 주름 하나가
내게 옮아온 것 같은 마음은 무엇이었을까?
핸드백을 뒤져가며 전화기를 찾던
나이 든 여자의
한쪽 볼에 피었던 꽃송이가

한참이 지나도록 시들지 않고 있다
사내의 물방울꽃과 겹쳐지는 찰나,
그 눈부신 풍경 속에 나도
꽃나무 한 그루로 서 있는 것이다

미문美文 외 1편

박 해 람

숨을 들이마시면 뼈가 부푼다.

부푼 뼈로 흉사의 상두꾼을 했고 상민常民이 되었다. 의례성원들과 내장 없는 돼지들이 장례식장 간이식탁 위를 뛰어다닌다. 내장들이란 윤회의 선택품목이다. 말라버린 곤충의 자세로 서있는 나무 밑에서 돼지들은 지층을 갖고 있는 미문美文이다.

술잔마다 차양遮陽 맛이 났다.

폐정廢井 근처를 지나가는 신발들, 몇 페이지를 읽다가 버린 책 같은 장례식은 언젠간 접은 페이지만 발견되겠지만 문맹文盲의 손끝에서 불이 피어오르겠지. 비파육琵琶肉은 몇 십 년 전에 죽은 이의 경황없는 입맛.

시차마다 새를 먹여놓고
이야기 없는 마을이 쉬쉬거리며 귀를 막는다.

차오른 배腹엔 성별 없는 등성이를 넘어가는 어제 같기도 하고 오늘 같기도 한 직설直說의 울음이 태중胎中을 바꾼다.

뜨겁고 하얀 동그라미들만 구를 뿐인 마을엔 미명美名이 죽고 추하다.

폐정일주廢井日酒

남창동 간이슈퍼 앞마당
녹슨 통조림 칼로 폐정廢井을 딴다.
한시적으로 인간의 장르를 바꾸자고
시의 장르를 바꿀 거라고 주정을 했다.
옛날에도 이 폐정 옆에서 술을 마셨었다.
그때는 부끄러운 것들이
무서운 것들이었다.
역사는 그악했을망정 무식하지 않았고
대통大統들은 어리석었을망정
적어도 교활하지 않았다.
잔머리가 꼬불꼬불한 파마머리 슈퍼주인은
담배 값을 올리고 외상장부를 조작했다.
어느 노름판에서 뜯은 개평을 들고
늙은이들이 밤늦은 시간까지 욕설을 하고
검은 눈알들을 희번덕거린다.
고등어통조림이 아닌 고등어 간스메를 달라하고
지하의 썩은 폐정을 열고
검은 물 한 바가지씩을 들이키자고 한다.
낭만적으로 이 골목에 숨어들었던 나는
썩은 폐정을 기억한다.

이제 그 폐정 옆에서 옛날의 왕을 섬기는
옛날의 백성이 되려 한다.
주정이란 얼마나 타인인가
그들과 같아질 수 있고 술이 깨면
한없이 부끄러움을 느낀다는 것
여름밤에 앉아 지나가는 왕의 행렬을 본다.
취타吹打의 이탈이 가물가물하고
나는 성문 근처까지 가지 못하고
비린 통조림을 견디는 물고기들과
잘못 섬긴 왕들을 불러내고 싶은 밤
남창동 우물터에서 미완의 혁명을 기록했던
노트 한 권을 다시 펼친다.

북 치는 소년 외 1편

박 홍 점

머리칼은 검고 주름은 깊은 노파가
달빛 아래서 쥐어 주는 대나무
그것을 붙잡고 몇 번 울다가 떨다가 자다 깨다 했다

그날 이후 북 치는 소년이 나에게 왔다
커다란 북 하나 들고 와서는
일어나! 일어나라고!
잠자려는 심장에 대고 거칠게 문을 열었다 닫았다 한다

그리하여 나는 지금 안절부절 소년
방향을 알 수 없는 구름다리 위 벌거숭이
예상치 못한 방문에 시선을 어디에 놓아야 할지
신발의 앞부리를 어디에 두어야 할지

곧 수염이 돋아날 거야
천방지축으로 여드름도 싹틀 거야
미세먼지에 밥 말아 먹는 소리들 늘어놓으며

소년은 나를 들었다 놓았다 한다

소년이 온 뒤로는 계절도 없어
겨울의 정점에서 설원의 첫 발자국 유자크러쉬를 빤다
생밤을 깨문다

무릎에 손목에 혀가 머무는 항구의 안쪽
지워지지 않는 푸른 멍들
의자 등받이에 닿도록 엉덩이를 깊숙이 넣어도
어느 곳이나 바람 부는 난간
걸터앉은 외나무다리
부서진 철재 빔 위를 두 팔 벌리고 걷는다
그리하여 어디로 튕겨져 나갈지 모르는
안절부절 벌거숭이
소년은 자란다

서호에서

호수는 가장자리부터 만신창이 속내를 드러내 보인다
물새들은 썩은 물에도 발을 담그고 논다
부리를 처박았다 뺐다,
그칠 줄 모르는 새들의 식욕을
한참동안이나 물끄러미 바라본다
그들의 부리나 발이
왜 그렇게 매끄럽고 단단한지 알 것도 같다

자궁암 말기
생산이라곤 몰랐던 그녀의 자궁 속에서
바람이 불 때마다 악취가 출렁인다
늘 고여 있기만 하던 물이 멀리도 간다
죽어서 걸어 나오는 물
죽어서 안기는 물
이제는 여밀 수 없는 시간들이여,
삼키고 흘려보냈던
눈물과 땀과 정액이 그녀 주위를 맴돈다

악취 속에서도 대지는 여전히 풀꽃을 피우고
마디를 늘리고 있는 나뭇가지들

밤이면 어김없이 켜지는 불빛들
아이들은 아랑곳없이 자전거 페달을 밟는다
삼삼오오 희미한 불빛 아래 담소하던 이들은
날벌레들에게 기꺼이 피 몇 방울 나누어 주고
늦은 밤 손 흔들며 다리를 건넌다
칸칸이 매달린 몸을 끌며 어둠 속을 달린다

곡속*

방 남 수

이천삼백 년 전
맹자에게
양혜왕이 물었다
덕이 어떠하면 왕 노릇 할 수 있습니까
맹자 왈
백성을 보호하고 왕 노릇하면 이것을 막을 자가
없을 것입니다

당연히 가능 하다고 말씀 하시기를
왕께서 당상에 계실 때
흔종**의 풍습에 따라
소가 사지로 끌려가는데 그 곡속의
광경을 보고 양으로 바꾸라는 요지의 말은
그것도 인을 하는 방법이니
소는 보았고 양은 아직 보지 못하였기 때문이라

군자는 금수에 대하여 산 것을 보고

차마 그 죽는 것을 보지 못하며
죽으면서 애처롭게 울부짖는 소리를 듣고는
차마 그 고기를 먹지 못하고
군자는 푸줏간을 멀리하는 까닭에
마음을 길러서 인을 하는 방법을 넓히려고
해서일 것이라고 말했다

이천삼백 년이 지난 오늘
남일당 현장과 쌍용차 공장의 민초들
아름이를 비롯한 수많은 어린 싹들
사지로 가면서 눈물 흘리고 울부짖는 가축들
저 곡속의 광경을 보고 오늘날 나랏님은 무엇으로
인을 찾고 있을까
역사속의 측은지심은 변하지 않았는데…

*곡속: 맹자집주 양혜왕편 7장에 나온 말로 소가 사지로 끌려갈 때 두려움에 떠는 모습을 말함

**흔종: 새로 종을 주조하여 완성되면 짐승을 잡아 피를 내어서 그 틈을 바르는 것으로 예전에는 종뿐만 아니라 어떤 기물이든 완성이 되면 피를 칠하였다(『예기』)

곰보여자 외 1편

서 수 찬

당신, 그거 알아
마당의 그물을 볼 때마다
구멍에 분이나
로션을
듬뿍 바르고 싶을 때도 있다는 걸
구멍을 다 메워
버리고 싶을 때가 있다는 걸
당신, 내가 왜 모르겠어
그물에 구멍이 없으면
물만 허천나게 먹게 되어서
물고기도 몇 마리 못 잡고
그물마저 풍비박산이 된다는 걸
누구보다 잘 알지
우리가 잡는 건 물이 아니잖아
당신, 얼굴에 그물이 난 좋다
당신 얼굴에 난 구멍으로
물 만난 사내의 욕정 다 빠져나가고

결국에 당신의 남편과
사랑하는 아들만 딱 하고 걸렸으니
당신은 탁월한 어부의 아내이다.

안산이라는 책

바람이 읽기 좋게
여기 저기 널려 있던 오이도는
이제 한 페이지에 정리되었다
누가 오려간 페이지에는
시화 바다가 있었다
대부도와 오이도는
항상 펼쳐져 있고
페이지를 찾기 쉽게
빨간 줄처럼 제방이
그 사이에 끼어 있다
가끔가다 책 속에 넣어 둔 단풍잎처럼
갈매기 몇 마리가 불쑥 튀어
나오기도 했다
달이 떴는데도
어둡고 칙칙하고
곰팡이 슨 공단에는
침이 가장 많이 발라져 있다
잘려나간 손가락처럼
없는 페이지가 있었지만
아직도 읽는 눈들이 많다는 증거였다

안산이라는 책을
인천과 수원에서
가끔 빌려다 보는 눈치다
수인산업도로가
힐끗 읽고 지나간다

포장마차에서 만난 신궁神弓 외 1편

서 정 택

아내의 고양이에서 확 핀 벚꽃 향이 났다

법원 가는 꽃길 내내 무릎 베고 잠든 짐승

따뜻한 눈으로 본 건 그게 마지막이었다

이윽고 도장 내어 과녁 향해 겨눈다

부르르 깃을 떨며 관중 때렸는데도

사내와 여자 그 둘은 서로 말이 없었다

지고 마는 벚꽃을 잘못 사모한 죄로

실직이 싫다 떠난 여자 마음 놓친 죄로

사내는 적이 아니라 저를 쏘고 또 쏜다

죽미령*

명아주, 명아주가 꽃잎을 벌리네요
소련제 앞에서도 당당했을 정조貞操가

탱크의 캐터필러 같은
신음소리 내네요

그 때 내 누이의 허벅지에 박혔던
아트로핀 주사액이 꽃잎을 벌리네요

도저히 맨 정신으론
벌릴 수 없었겠지요

구멍 난 철모와 가죽 다 삭아버린
미제 군화 한 짝이 신작로에 뒹구는데

산색과 살색이 다른
명아주 또 피네요

*죽미령 : 6·25 전쟁 당시 참전한 유엔군과 북한군이 첫 전투를 벌였던 곳, 경기도 오산에 위치.

비, 가문비 미싱 외 1편

서 정 화

비 내리는 가문비 숲길 홀로 바라본다
푸른 손 젖어드는 모닥불 타는 소리, 먹구름 번지듯 가지 끝에 피어나고 올올이 재봉하듯 눈 뜨는 지난 추억 마감일 재촉하는 봉제공장 울타리 너머
낯익은 미싱소리가 바늘귀에 꽂힌다

실뱀처럼 긴 잡념은 노루발로 밀어내고
굽이돌다 박힐 자리 접힌 길도 주름 펴며 흰 칼라 심지붙이면 겹쳐 보이는 두 얼굴, 시접 좁은 골목에 그늘이 깊어질수록 햇빛 한 자락씩 이어 덧대는
어머니 미싱에서는 도롱뇽 울음소리가 났다

귀퉁이 다 닳도록 흰 초크로 밑줄 긋고
환풍기 내내 돌리며 안경알 닦아내도
내 창은 실밥이 뭉쳐 언제나 흐려보였다

북에 엉켜 툭툭 끊긴 상처들 매만지며

실톳에 밑실 감고 돌돌 풀며 엮는 시간 내 안의 조여진 땀수 다시금 풀어본다, 손때 짙은 가문비 미싱 자리에 기대앉아 콘센트 깊이 꽂고 꿰매는 생의 밑단

세상 끝 한 귀 잡고서 바깥 향해 손 뻗는다

장안경로당

누가 고도리를 꼭꼭 감춰두고 있을까

조심스레 패를 뜨고 종달새 먹으려 움켜쥔 손, 우산 든 사나이에 난데없이 꿩이 날고, 에라이, 똥이나 먹자, 어머나, 자뻑을 다 하시네, 쌍피에 흘깃대는 눈들, 바닥에 깔린 휘파람새 아무도 먹지 않아 입맛 다시며 안절부절 못하다가 그만 봉황도 놓치고 어안이 벙벙, 솔광을 뚝심 있게 내려놓자 두루미가 날아가니 환장하겠네, 공산은 어디 갔는지 철새가 훨훨 날아가고, 헐, 홑껍데기만 남았구나.

오늘도 끗발 세우려다 어느덧 해는 지고….

옆얼굴의 발견 외 1편

성 향 숙

마주칠 때마다 외면하는 것은
나를 한쪽 눈으로만 보겠다는 것
입을 일직선으로 다물겠다는 것
행커칩을 뽑아 속주머니에 쑤셔 넣겠다는 것
와인 잔에 커피를 마시겠다는 것
쓰레기통에 휴지를 롱슛 하겠다는 것

반쯤 돌린 옆얼굴엔
담배연기 같은 미로와 넘기 힘든 벽의 질감이 있다

불러도 반만 돌아보는 옆얼굴 이해하긴 어려워
반만 미안해, 반만 사랑해
몸의 언어를 선호하는 네겐 언제나 말로는 불충분하지
네가 남자에 대해 말할 때
내가 여자에 대해 변명할 때 타자의 말을 빌려오고
그러다 세 명, 네 명이 되는 소란스런 침대

네가 바라보는 쪽은 얼음나라

좋은 아침이야. 산뜻한 키스도 소용없어

한숨도 비명도 안 지르고 냉동이 되는 거울과 식탁에 앉기도 전 찬밥이 되는 슬픈 아침인사와 엉뚱한 시간에 멈춰선 벽시계와 너의 시선에 얼어붙는 가엾은 사물들

너는 다른 곳에 있다

꽃은 꽃의 고집으로 유머감각을 잃지 않고
나무는 나무의 거만함으로 태양을 유혹하지

사소한 것만 생각하는 사소한 눈빛의 은밀함으로,

정체성

-계단을 따라 올라가 난 거기 없는 사람을 만났어요
그는 오늘도 거기에 없었어요
난 그가 없어져 버렸으면 좋겠어요*-

벗어 던진 옷가지처럼 TV앞에 널브러진 사람들
날 부르는 제각각 호명에 머리가 어지럽다
내 몸에 뿌리 깊은 혹처럼, 유령처럼 붙어 있는

신발 두 짝을 닿을 수 없는 공중에 걸어 발목 잡는 여자
제 배 아파 낳은 아이 죽여 냉동실에 넣고 수시로 문을 여닫는 여자
어금니 깨물고 잇몸 잘근잘근 씹으며 서늘한 미소로 천년 사랑 부르짖는, 손목에 칼자국이 선명한 여자
전사처럼 두건 쓰고 앞치마 두르고 남자의 국에 독약을 타는 여자
기억과 망각 사이에서 플라톤과 니체를 거만하게 주절거리는 눈처진 여자
죽여 버릴 거야, 바람의 갈대밭에서 주머니칼을 만지작거리는 여자
온종일 키보드 앞에 놓고 머릿속 박박 긁어대며 써놓은 글 내놓으라고 협박하는 여자
친구 애인에게 질펀한 추파 던지며 광기의 바람처럼 엉기는 여자

꿈의 공장으로 가는
영화는 언제나 상영 중이다

어디서 봤더라, 알 것도 같은 사람들이 흉터처럼 들어앉아
나인 척 행동하고
같은 공간에 동거하는 나를 간단하게 죽여 없애는

외출하다가 내 속으로 낳은 아이의 엄마를 만난다
미술관 내려가는 계단참에서 내 남편의 아내를 만난다
어느 땐 팔달문에서 하루 종일 머무는 여자
어느 땐 광화문을 활동 무대처럼 활보하는 여자
언젠가 본 적 있는 사람들 속을 모래처럼 흘러 다닌다
몰려가는 군중 속에서 누군가 야! 나는 반사적으로 뒤를 돌아보는
데
빨강 원피스 입은 여자가 건물 모퉁이 돌아 급히 사라진다
혹시 그게 진짜 나일까?

*영화 「아이덴티티」

아기 꽃들 외 1편

양 정 자

보면 볼수록 신기하고 오묘하여라

자라남의 한없는 즐거움과 아픔에 취해
쌔근쌔근, 방긋방긋, 옹알옹알, 와들랑바들랑
한시도 가만있지 못하고
꼼지락꼼지락 파닥파닥 제자리 맴돌다가도
어느 틈에 훌쩍훌쩍 자라 오르는
이 놀라운 꽃나무들

한없이 헛되고 쓸쓸하여라
우리들 부평초 같은 떠돌이 삶을
뿌리부터 단단히 묶어주고
우리들 어렵고 고된 삶에
끈질긴 의지와 희망의 가지가 되어주고
너울너울 자라나는 푸른 잎들
활력의 깊은 맛과 향이 되어
마침내 기쁨과 슬픔, 눈물과 웃음의
환한 꽃들로 피어나리니

요것들 어쩌다 요렇게 생겨났을꼬?
아무도 막을 수 없는 막무가내의
그 싱그러운 나날의 피어남을 지켜보기만 해도
메마른 우리들 마음 절로 풍성해지는
꽃 중에 제일은 사람 꽃
아기 꽃들

착각

지금은 공기 좋고 한적한 이곳이 익숙하지만
여기 분당에 이사 와서 얼마 안 되었을 때
광화문 광장에서 지역별 4대강 반대 성명이 있었다
자신 있게 서울 지역에 싸인하고
주소를 쓰려다 깜짝 놀랐다
아, 나는 이제 서울사람 아니고 경기도 사람이구나

시집가서 얼마 안 돼 호적초본 떼었을 때
내 본적이 그렇게도 오랫동안 익숙했던
서울 마포구 도화동이 아니고 남편 옛 고향인
제주시 노형동이라는 것을 알고
깜짝 놀랐듯

조선소나무 외 1편

용 환 신

생각 머문 끝에 마음눈 뜬다는 것을
저 나무는 알고 있었던 것일까
점점 바위 닮아 간다.

떠밀려 멈춘 자리 그대로
작은 그늘 하나 바라지 않고
던져진 침묵 속 뿌리 내려
오색으로 물들어 눈 먼 산
길이 된 나무.

똑같은 세상 다른 하나
바람만이 닿을 수 있는
구름도 돌아가는 곳,
하늘과 손잡은 낮은
몸짓으로
벼랑 끝 꽃이 된 나무
아, 조선소나무.

평동, 인동이 할머니

다리 건너 첫 번째 철대문집
문간방살이 인동 할머니
갓 쪄낸 찐빵
뽀얀 김 먼저 앞서는 함지박 이고
이른 아침 매산시장 나서네
늦가을 밤톨 하나 떨구듯
손자 인동이 남겨두고 집 나간 며느리
뒤쫓아 아들마저 행불된 지 다섯 해
하루도 쉬지 않고 함지박 이음질로
손자 하나 깊이 품은 인동이 할머니
해 바뀔 적마다 찾아와
아들, 며느리 이름 이제 그만 지우고
황색카드 만들자는
동직원 멱살 잡아 흔들며
터트리는 황소 울음소리
오늘도
전투기 소리에 까맣게 묻히네

정선 아라리, 당신 외 1편

우 대 식

비가 오는 삼월의 마지막 날
마음의 회랑 안쪽에
정선 아라리 긴 휘장을 친다
다시 비가 내리고 또 다시 눈이 내린다
그 휘장 아래를 걸으면
밑도 없는 물길, 끝도 없는 산길이 나타나고
사라지고
내 슬픔이 무엔가 생각할 즈음
당신에 대해 명상을 한다
정선 아라리, 당신
왜 그렇게 천천히
또 다시 굽이굽이 적막강산에 서 있는가
비는 여전히 내리고
그 긴 휘장에 앉아 한 마리 짐승처럼
온 몸을 웅크린 채
소금 사러 가던 먼 길과
석탄으로 몸을 씻던 내[川]와

그런 길과 그런 내에서
당신을 기다리던
배가 고팠던 저녁
정선 아라리
당신,

동행

평택 시외버스 터미널 앞을 지나다가
민물 어물전 앞에 섰다
잉어 한 마리가 고동색 함지박에서 나와
인도 위를 펄떡펄떡 뛰는 것이다
힘에 겨운지 뛰어오르는 횟수가 점점 줄고
움직임이 약해졌다
어물전 여닫이 유리문 안에 여우같이 늙은 할머니 둘
수다를 떠는 중이었다
천천히 유리문을 두드리자 이쪽을 건너보는 눈에서
공명이 울려나왔다
바닥을 가리키며 잉어가 뛰는 흉내를 내자
고개를 끄덕이며 어여 가라고 팔을 앞으로 내젓는다
진눈깨비가 유리문을 두드렸다
다 알고 있으니 네 갈 길로 가라는 소리다
나도 곧 갈 테니 조금만 먼저 떠나라는 말을
몸으로 전하고 있는 것이다

권주가勸酒歌 외 1편

우 은 숙

빈 병이 일곱 개다
두 개는 넘어져있다
사내는 셋이다
사내들 혀가 꼬였다
소리가 높아지더니 한바탕 몸싸움이다

보태준 거 있냐며 고래고래 악다구니다
통증을 모두 세워 허공을 찌른다
계단 밑 모든 눈들이 송곳으로 변한다

다시 앉은 술판은 빚과 파산이 권주가다
아니다 이 강팍한 세상이 권주가다
목청껏 흔들리는 가락
빈 어둠만 귀 세운다

그녀는 갯벌

느릅나무 껍질처럼 거친 몸 눕힌 섬
바람이 주름졌다 펴지며 일어서는 곳
아이들 우르르 몰려와 갯벌로 내달린다

물컹한 홍시 같은 그녀의 몸 위에
작은 게들 갑자기 갈 길이 바빠졌다
물때가 되었나보다 그녀 숨도 가쁘다

어떤 이는 일찍 오고
어떤 이는 늦게 와
발자국을 내던 곳
별처럼 꿈 심던 곳
만해의 나룻배 같은
기다림의 옷 입는 곳

잘 부푼 흙만큼 그녀 생도 깊어진다
음각과 양각으로 쓴 수많은 이야기
가슴에 죄다 새기며 새 길로 들어선다

3·5·3·5·9 외 1편

윤 한 택

낭카가 동해로 비켜가던 날
외롭다는 말 한마디 솔깃하여
우상의 민낯 보러간 쌍곡계곡
여유로운 세속 성공 뒤에
철 지난 혁명 초조한데
흐느적거리는 요행의 새싹들 속으로
진실의 끝자락 순정만 절규하였다
어릴 적 무덤 떠돌던 기억 호출하고서야
겨우 가슴 쓸어내리던 밤
의미 없는 과거는 데자뷰로 쏟아지고
새하얗게 샌 백주 대낮 귀환 길
만절필동묘萬折必東廟
송자가 공자 업고 떡 버티고 섰었다
3·5·3·5·9 계단
사모하고 사모하며 올랐던 구중궁궐
아홉 노인의 향연
그 낮밤 뒤섞인 듯
하와이 에돌아 할롤라 다시 온다는 소식 이리도 무심한지

머내, 그대 발뒤꿈치

가끔씩 더위에 지쳐 머내 개울가에 이를 때면
시냇물 종종걸음으로 달려가고
골바람 어느새 옷깃 사이로 빠져나가고 마는 것이었다
흘러가는 것이 어찌 너희들뿐이겠냐며
그나마 여유로운 뭉게구름 그림자 곁으로
황급히 다가앉는 예순 살 낯선 이 있어, 이윽고
그대들이여 정녕코 가던 길 재촉하여 뒤돌아보지 말고
갈대 숲 사이 하얀 발뒤꿈치로나마 어슴푸레 남으라며
몇 번씩이나 되뇌고 있던 것이었다

죽자 죽자 죽어버리자 외 1편

이 덕 규

코밑이 거뭇해지던 늦은 겨울 이야긴데요 산속으로 솔방울 주우러 갔을 때 일인데요

인근 야산엔 겨우내 사람들 발길이 잦아서 좀더 깊은 산 속으로 들어가다가 한순간

나도 모르게 그만 털썩 주저앉고 말았는데요

저걸 봐야 되나 말아야 되나, 그러면서 처음부터 끝까지 다 보아버리고 말았는데요

양지바른 산소 풀 위에 낯선 남자하고 이웃 마을 혼자 사는 친구네 엄마하고 꼬옥 부둥켜안고 있었는데요

한동안 나는 거기서 꼼짝 못하고 뜨거운 손에 쥔 솔방울 하나를 다 부숴버리고 말았는데요

그런데요 친구 엄마는 울고 남자는 달래느라 나지막이 속삭이는 소리가 생솔나무 가지를 타고 내려와

내 귓속에까지 생생하게 흘러들어왔는데요

마침내는 서로 흐느끼면서 죽자 죽자, 우리 같이 죽자, 하염없이 울고 또 우는 소리가 들려왔는데요

그날 늦은 저녁까지 나는 산속을 헤매 다니며 죽자 죽자 솔방울을

마구 주워댔는데요
땅이 푹푹 꺼지듯, 무겁고 긴 한숨이 흘러내려와 내 작은 가슴을 짓누르며 두방망이질 치던 그 말,
죽자 죽자, 우리 같이 죽자는 그 말을 부대 자루 가득 담아 메고 이미 어둑해진
겨울 산을 으슬으슬 내려섰는데요
그러니까, 그날 이후 며칠 동안 깊은 신열을 앓으며 깜박 깜박 죽었다가 깨어나서는
비몽사몽 관자놀이에 검지손가락을 대고 수없이 방아쇠를 당겼는데요 누군지도 모를 먼 사람에게
속삭이듯, 나지막이
죽자 죽자 죽자, 우리 같이 죽어버리자는 것이었는데요

공장 지대

잔업 끝낸 추리닝바람의
인도네시아 총각이
슬리퍼를 끌며
구멍가게를 향해 뛰어가는
밤이다

늘어진 자루를 메고
담을 넘는 도둑처럼 철 지난
수세미외 하나가
철망 울타리에 어둑하게
매달린 밤이다

초저녁 부부 싸움하고
일찍 문 걸어 닫은 밥집
내실 등이 잠깐 켜졌다 이내
꺼지는 밤이다

가건물 철 기둥에 묶여
서성이던 늙은 개가
오래 한 생각을

그만 접듯이 꿍, 하고 주저앉는
자정 무렵이다

접도蝶道 외 1편

이 선 균

막 우화 한 물결나비가 우편함 속으로 날아와
숨을 할딱이고 있다.
파문을 일으키며 날아든 시집
날개를 펼치면 내 이름이 손글씨로 적혀 있지.

나는 겹눈을 굴려 나비의 내상內傷을 읽는다.
눈부신 상처에서 꽃 냄새를 맡는다.
상처의 모서리를 접고 또 접으며
날개에 베여 피를 흘린다.

나는 우화를 꿈꾸는 유충.
등이 가려운 건 나비를 읽은 효과.

나는 마른 풀잎 뒤에 숨어 지내지.
탈각이 두려운 거지.

들킬까 봐.
읽힐까 봐.

나무를 삼킨 용암*

솟구치는 용암의 아가리 올벚나무 삼킬 때
불뱀처럼 꿈틀거리며 나무의 목덜미 휘감을 때
천형처럼 타버린 숯가슴,

나무를 삼킨 용암 본다.

당신이 불기둥이라면
내가, 타버리고 남은 숯검댕이라면

활활 타오르는 불길 속에서 저렇듯
숨줄 놓아버려도 좋으리. 절정의 그 순간처럼

숯이 된 올벚나무 휘감고 능소화로 피어
선사시대를 불 밝힐 수 있다면

일그러진 먹돌멩이 속 연필심처럼 박혀
몇 천만 년 외로워도 좋으리.

*경기도 연천군 전곡리 유적지에 전시 중인 용암.

버스는 달린다 외 1편

이 은 유

긴 문장은 거짓된 진술이 많아서
난간의 비탈에서도 바퀴를 굴린다
버스는 떠나기만 한다
바퀴는 어디로 흘러가나

어지러운 노선은 아무데서나 흩어지고
찢어진 글씨는 구부린 종이 위에서 흐려진다
노을을 기다리는 오후에는 행선지를 지나치고
아무렇지 않은 듯 혼자
무방비 거리에서 외출을 두려워한다

문맥이 충돌할 때 모든 기억은 지워진다
불리기 싫은 이름으로 호명되기도 하고
아무도 생각나지 않다가
집으로 돌아가고 싶은 것처럼
당신이 참 보고 싶다고 절룩거린다

나도 많이 아팠습니다를 시작으로
늦은 편지를 쓰려고 하다가
울음 없이도 단단해져서
한쪽 다리로 서 있을 수 있다고
저녁을 부정하는 일에 골몰하느라
천천히 오래 걸었다는 것이다

고요에 숨다

얼마를 비워내야 바닥까지 가는가
바닥에는 차고 깊고 맑은 소리 들려온다 했다
아직 멀었는가
지난 소란스러움이 남아 발밑에서 사각거린다
나뭇잎들은 뒤척인 밤 떠도는 꿈처럼 햇빛 속에 매달려 있다
바람이 스쳐간다
나뭇잎들의 숨결을 흔드는 것
오랜 불면에서 일어난 잠자듯 깨어있는 것
저 바람이 고요다
바람을 아는 나무는 바닥에서 자란다
그곳에 고요가 있다
고요가 숨는다는 은적암隱寂庵*
내가 고요 속에 숨는다
바닥에 이르러야만 고요는 차오른다 했다
내가 고요한 것인가
여기가 고요해서 내가 고요해진 것인가
아, 아직 멀었다
고요도 들어차지 않았는데
어찌 고요를 숨길 수 있겠는가
내 안에 차오르는 물소리 들린다

산길을 내려가는 등허리에 고요는 머물러 있는가
··· 고요하다 ··· 고요하다
고요하다 ··· 고요하다
이 고요가 내 고요인가 아닌가
이것이 고요인가 아닌가

*은적암 : 경기도 안성시 서운산 소재

형용 외 1편

이 장 곤

형식이 밖에만 있는 것이 아닌 것은 알고 있을 것이었으나 지금 다시 말하여봄은 안에서만 형식이 있는 것이 있다는 것을 이제와 밝혀보는 것뿐이니 그리하여 다시 말하여보건대 내재적 형식으로써 내용을 의미하는 방법에 관한 고찰 혹은 표현의 이전에서 또 두 눈을 부비고 찾아보고 있노라니 과연 내재적 형식이 내용으로서 사상으로서 군림할 수 있을지 의문인 우리에 관하여 이렇게 방기할 수 있었을 줄 이제야 해봄직함에 다름 아닌 것이었으니 과연 형식이 천재를 낳을 수 있겠거니와 내용이 형식을 낳을 수 있어서 형식이 이렇게 형식을 낳으면서도 내용을 낳을 수 있음을 또한 천재적인 양 이야기하고 써봄은 과연 또 다른 무엇이 있어 침묵에 용서를 구할 수 있는가에 답이 될 수 있는가 하고 반성하기도 해보나 결과에 대한 책임도 함께 가지고 갈 수는 없어 아 아 아 뇌가 없는 머리는 놓아 때려도 아무 상관없다 놓아 말하여도 문제 별무 그리 대수일까 형식은 형식을 낳는데 형식은 형식을 낳고 말 뿐인데

진위면

모두 닮는데
뭐든 미성의 별칭 닮아
사실 불편 없게
아이들은 무엇이었을까

광염의숙을 나오면
매일유업 쪽으로 홍원제지 쪽으로 미증유의 아이들
두 노인 토방마루에나 하나 있었을까

우리는 맥주도 얻고 무엇도 했다네,
진위 스텐 샷시 공업사 다리 셋 짖는 개 눈 보면
그래도 저 아이
절름발이가 생각나
때마다 웃던 내 친구 맥주도 얻고 무엇도 했지

가족은 사실 깨끗한 상태
몇 번이고 제자리로 돌아오는 우리는

엄마 뷰, 어디나 내 마음의 향토문화연구소

세발 까마귀 외 1편

이 정 원

까마귀 울었다 내 눈시울의 갠지스
눈두덩 오르내리며 파닥이던 새, 뼈가 저린데
매일이 죽음이며 주검인 날들이 끼니처럼 지나갔다

울음이 뿌리 깊이 자라면
깃든 새의 발가락에 못이 박인다
암묵으로 굳은 꽃

압화거나 화석인 줄 알았는데 이제 보니
세 가닥 발자국화

그의 출처를 캐다가 알았다
태양의 흑점 속으로 나를 데려가려는 수작 혹은,
덕화리 고분벽화에 안치하려는 수작

함지로 가는 기차를 탔다 불온한 안개가 칸칸이 흘러

저무는 곳으로
저물어 덧없는 곳으로 창을 낸 나는 매일같이
죽어가는 노을을 편애하였다

까마귀 울었다 시간의 몇 뼘 뇌옥牢獄에서
주름져가는 날들 무르익으면 우리 사이
가느다란 강이 흐를 텐데

어느덧 나도 모르게 품어버린 새, 새의 발자국

난생설화
-화성 송산 공룡알화석지

바람의 요람 속에 잠들어 있는 내
아뢰야식,
백야의 잠 속 드나드는 당신을 잊은 적 없지
갈대 현絃 켜는 얼후 소리 그립기도 했지

미륵은 오십육억 칠천만 년 뒤에야 하생한다는데
눈꺼풀 무겁게 닫아걸고
무릎 오므려 발톱은 순하게 다듬고
무량수라도 기다릴 거야

깜깜한 알에 불이 켜지면 톡, 톡
누군가 영겁의 문 여는 줄탁 소리
백악기 초원 어슬렁거리던 당신인가

가녀린 바람에도 파르르 떠는 당신 외뿔이 보여
뿔에 감긴 치렁치렁한 햇살이 보여

미로처럼 쓸쓸한
센트로사우루스,

누가 당신에게로 가는 길 한 끝을 바늘귀에 이어놓았네

그리움의 발걸음 한 땀 한 땀 떠가면 언젠가
용화수 아래서 미륵 만나듯
당신을 다시 만날 수 있을까

내, 전생이었던 당신

정서건설이력철거전문 외 1편

이 진 희

떨어져나간 흔적으로 보아
정선건설 인력 철거전문이었을 텐데
니은 받침 두 개가 사라진 상태로는
정서건설 이력 철거전문

황사주의보가 그날도 발령된 봄날의 주말 오후
꼬리를 바짝 문 차량들이 진입하려는
부연 잠실이 불길한 신기루 같아
전부 취소하고 되돌아가고 싶었으나

정류장은 여전히 멀고 꼼짝없이 버스에 갇힌 나는
차창 밖 건물 외벽의 그 낡은 간판을
정서를 건설하고 이력 철거를 전문으로 하는
으로 읽고 또 읽었다 읽고 앉아 있었다

건설되어버린 것인지도 모르겠다는 생각
그 어떤 풍경보다 당당한 타워크레인 같은 정서

단단하게 양생된 콘크리트 같은 정서

전문가는 노련한 이일까 무자비한 이일까
아니 노련하면서 무자비해야만 살아남는 이일지도

바닥에 떨어져 검게 뒹구는 목련 꽃잎 같은
나의 사소한 이력

나는 이미 장악되고 철거된 존재가 아닐까
부실한 간판으로 위장한 채 일사분란하게 움직이는
그 어떤 노련하고도 무자비한 전문가들에게

계몽이란 무엇일까

시장市長의 엄중한 지시로
성곽복원공사와 도시정화사업이 진행되는 동안
소년의 내부는 무너져 내리고 있었다

소년이 되는 기준은 모호했다
소년은 소년이기도 하고 소년이 아니기도 했다
납득할 만한 이유를 요구하면
눈앞에 별이 보일 정도로 따귀를 맞거나
칠흑처럼 캄캄한 건물 밖으로 쫓겨나곤 했다

무엇이든 더럽히고 싶은 기분
너무 늦게 혹은 너무 빨리 비상착륙한 기분

자주
침을 뱉었다
돌멩이를 걷어찼다
주먹을 불끈 쥐었다

무허가 판잣집들이 모조리 걷히자 언덕은 말끔해지고
성곽은 튼튼하게 복원되었지만

소년은 스스로를 아름답다고 생각하지 못했다
숨어 흐느낄 장소가 없었다, 심심했다

외로웠던 건데 심심한 건 줄 알았다
냄새나는 골목이 사라지고
성곽 아래 비탈은 푸른 잔디로 뒤덮였으나
소년의 바르게 성장하지 못했다
뿌리를 크게 다친 묘목처럼

어느 밤
성곽의 후미진 곳에서 몹쓸 일을 당한 계집아이가
소년을 범인으로 지목했다

아니었지만
아니라고 부정하지 않았다

밀려오는 것들 외 1편

이 향 란

그만! 이라고 외치는 순간에도
기억의 불길처럼
끝자락에서 후끈 달아오르다가 뭉글뭉글 속내로 파고드는,
거침없이 달려들어 목에 척척 감기는,
아예 달라붙어 끈적거리는,
날아오르던 방향으로 조용히 엎지르고 마는,

그렇게 밀려오는 것으로 더 이상 아무것도 쥘 수 없게 된 손에는 형체를 알 수 없는 것의 꽁무니가 길게 흘러내리고 있다 당신이 떠난 그 자리에 당신을 닮은 것들이 한 살림 차리려는 듯 다시 무리지어 밀려오듯이

용문사 은행나무의 연서戀書

마지막이라는 떨림,
그건 나의 몸으로 보이겠다

나를 바라보는 네 상처와 우울은
내 푸르름 위에 노오랗게 칠을 하겠다

물방울처럼 가지에 맺힌 새의 지저귐은
가는 네 목에 방울처럼 달아주겠다

아무도 모르게 떠나겠다는 너의 다짐은 내 그늘로 삼고,
평생 머뭇거리기만 하던 네 마음은
나를 몹시 흔드는 쓸쓸한 날의 바람으로 맞이하겠다

그리하여,
모든 잎사귀 떨구고 겨울을 맞이해도
천년의 나무로 나는 또다시 가버린 너를 돋게 하겠다

다람쥐의 사랑법 외 1편

이 혜 민

까칠해진 나뭇잎을 만지니 짜르르 손끝이 떨린다
간다 못간다
싸그락대며 마른소리를 낸다
까만 도토리가
계절과 계절을 가르며 뛰어내린다
내 머리를 한방치고
풀섶에 죽음처럼 박힌다
나를 빤히 쳐다본다
한 마리 벙어리 매미껍질처럼
금간 채로 날아가 버린
파란 영혼이 들락거린다
천상에 들지 못한
땅속에도 돌아가지 못한
허공을 구르는 한 점 바람인가
도토리가 홀로 산속에 산다는 것은
인간을 만난다는 것은
고독한 짝사랑이다

바람이 옆구리를 찌르는지
도토리가 걷다가 움찔거린다
땅바닥에서 먼저 가을기운이 차오른다

매향리

늙은 매화나무가 어느 날 갑자기
팔이 떨어져 나가더니
주름 깊어진 터전이 뿌리째
산채로 날아갔구요
공중 부양하던 익다만 열매들
연기를 타고 산산 흩어져
외양간 임신한 어미소 등에 올라 우시장으로
새참 이고 가던 어매
광주리를 타고 육지로
돌아올 수 없는 먼바다로
하나 둘 하루 이틀 시름시름
날개 잃은 갈매기처럼 떠나갔지요
폭격 맞은 집터엔 십년세월이
거미줄로 겹겹이 처져있고요
잘려나간 문틈으로 피바람만 기어다니고요 붉게 물든
철조망위엔 떼구름 걸터앉아
반쯤 사라진 농섬 가는
따개비 농성자들처럼 늘어서있는 바닷길 내려다보고 있네요 사
람들
썰물과 밀물처럼 들락거려도

등 굽은 어부들이 쇠스랑 끝으로
바다를 이 잡듯 한숨으로 뒤집어도
물 빠져나간 바위에 달라붙은 따개비처럼 어깨동무하던 그 많던
아우성은 들리지 않네요
포탄연기 피워대던 노린내 나는 외래종 노린재도 보이질 않구요
철썩철썩 피맺힌 아우성이
대포소리와 포탄연기를 데리고 떠나버린 지 오래인 외진 바닷가
바람만 몰려왔다 몰려가며 한바탕 대책 없이 뒤흔들고 빠져나가
는
속절없이 가라앉은 작은마을
어깨동무하던 하얀 매화향기 모락모락 언제쯤 뒤덮일까요

어디서나 출렁이는 바다 외 1편

임 덕 연

팽목항에 다녀왔습니다.
찬 바닷바람 부는 대로
노란리본은 날리고

무슨 말을 해야 할지
무슨 말부터 해야 할지
땅이 끝난 그 곳에서
자꾸 뭍으로 오르려는 물만 만지다 왔습니다.

아이들은 아직도
구명조끼를 입고
핸드폰을 만지작거리고

기다리고 기다리고 있는데
기다리고 기다리고 기다리고 있는데

나는 이제 다 되었다

하늘에 올라가 별이 되자고 라는 말 못하고
바람이 되자 라는 말도 못하고

무슨 이유가 있는 것처럼
무슨 위로가 되는 것처럼
젖은 갯흙만 바다쪽으로 밀어 넣고 왔습니다.

위로 받지도 못하고 위로하지도 못하는
꼬인 실타래 실마리만 잡고
어찌 하나 어찌 하나
무슨 주문을 외우는 것처럼 중얼거리다 왔습니다.

팽목항에 다녀왔습니다.
수천 리를 돌아 집에 왔는데
아직도 바닷물이 출렁입니다.

밥상 위에도
까르륵대는 아이들 교실 뒤에도
담배를 피워 물어도

이를 어쩌나
언제 어디서나 출렁대는 바다이니

신륵사 입구는 강이다

홍수 때는 강물이 절 앞마당까지 들어오는
여주 신륵사 구룡루 구들 밑에
다른 절 입구에 다 있는 사천왕상이 있다고 하는데
나는 구룡루에서 하룻밤 자면서
사방 흉악한 악귀는 그만 두고라도
모기향이라도 피워주길 바랬지만
절에서는 살생이 금지되어서인지
그 큰 칼과 손바닥으로는 모기는 못 잡는지
밤새도록 괴로웠다.

지금은 옆구리를 터서 절에 들어오지만
진짜 신륵사 입구는 강이다.
구룡루에 척 걸터앉아 강 쪽을 바라보면 안다.
강 건너에서 황포돛배를 타고와
나루에 턱 대면
정확하게 구룡루 배꼽에 와 닿는다는 걸,

강 바라보는 것도 싫증날 때쯤
노을 질 때쯤 보면
절 뒷마당에서 나옹이 슬슬 걸어 나와

중국산 대빗자루로 자기 머리보다 훤하게
마당을 쓸다가 쑥
부처에게 주먹감자를 먹이는 걸 볼 수 있다
그럴 때면 나도 가끔
부처가 어쩌나 보려고 쳐다보다가
부처가 맞받아 메기는 주먹감자 맛을 보곤 했다.

귓불이 저리 댓 발 늘어진 걸 보면
대웅보전 부처는 귀가 아프도록
강물소리를 들었을 것이다.
저리 무좀 하나 없이 굳은살 하나 없이
발바닥이 깨끗한 걸 보면
때론 발 씻으러 강가로 내려갔다가
맨발로 모래밭을 한동안 뛰어 다녔을 것이다.

지금은 옆구리를 터서 절로 들어오지만
진짜 신륵사 입구는 강이다.

해질녘 금모래은모래에서
'어이, 어이! 배 좀 건너.' 하고 소리치면
나옹이 씨벌거리며 배 저어 건너온다.

여주 신륵사 진짜 입구는 강이다.

역전 외 1편

임 희 구

묵은지 한 폭 누워 잔다
묵은지가 신문지 한 장 깔고 잔다
잘 잔다
보란 듯이 잘 잔다
숨이 죽으니 더 잘 잔다
썩은 생선 밭에 뒹굴었나
풀풀 진국의 향을 날린다
신이시여 저 곪아버린 몸땡이를
푹 고아 드시라
당신이 담근 맛난 김치 아닌가

강가에서

신화리 강둑에 요란한 새소리
강물 타고 흐른다
다슬기를 잡으며 강변에서
물장구치는 마을 아이들
얼굴엔 파란 강물이 스미고
햇살 묻은 물방울 움켜내며 아이들은
바람보다 튼튼한 나무들의 웃음소리를 듣는다
강물소리를 듣는다
아이들 발결에 놀라
물 밖으로 차오르는 물고기들

신화리 강둑에 햇살이 붉어지면
그림처럼 피어오르는 흙담집 굴뚝 하얀 연기
은행나무 밑에 깔린 멍석에 앉아
잡아온 다슬기를 세는 아이들
아이들 목소리를 타고
하늘 높이 올라가는 강물소리

시시한 고백 외 1편

정 수 자

꽃 한 송이 피우는 데 가담한 적 없는데

꽃 진다, 찍는 것도 가소로운 간섭 같아

숙이며 지나치려니 발치가 문득 감감하네

아픈 쪽에 가담해온 詩 자취도 희미할 때

뒤트는 지렁이들 피해 서던 아래쯤도

말없이 기는 것들이 흙빛 윤을 돋우려니

가벼운 적선만 같아 '좋아요' 망설이듯

슬픔도 함부로는 호명치 않으리라

테라도 우웅 울려야 꽃숨 얹는 가담이려니

한가함의 깊이

아직 덜 늙어 이곳에서 한가로이 거닐러니*

한 품씩은 으늑해진 가을 품은 성가퀴마다 시월상달 우물처럼 잇몸 시린 하늘빛에 국화주 빚는 바람 따라 얼근해진 처마 따라 한정품국閒亭品菊 그윽함의 심급을 매겨보다 난간에 매어 놓고 흠향하는 미로라니 달빛 별빛 퉁겨 보는 한가함의 농현이라니

한 생의 가을 낙관이 그러하리
산조散調 한 채 건듯 두른

*정조가 양위 후 화성에 머물 뜻을 담아 지은 정자 未老閒亭. 행궁 뒷산에 있음.

망우리忘憂里 외 1편

정 용 국

지고 온 근심들을 널 아래 내려놓고
뭉개져 흐릿해진 성명서를 읽고 있다

서둘러 행장을 챙긴
눅은 몸을 뒤채며

살아서 올리지 못한 옹색한 깃발들이
저마다 문을 열고 바람을 쐬는 사이

내력은
봄볕을 이고
눈을 지긋 감는다

휘청거리는

말씀은 구시렁대고
소문은 칼이 되어

허물을 지고 가네 세월을 얼치고 가네

다 삭은
육백 리* 허리에
불화살도 맞으며

제하고 더 보탤 것
하나 없는 셈법인데

덜그럭 휘몰이 길 열이레 달 지기 전에

깨끔발 휘청거려도
떼어봐야 할 텐데

*휴전선의 길이(248킬로미터, 155마일)

마더
–2014년 4월 16일

조 동 범

그곳은 이국의 해안가가 아닙니다. 휴양지의 빛나는 태양도, 아름다운 파도도 그곳에는 없습니다. 정박할 수 없는 여객선만이 침몰을 거듭하고요. 익숙한 듯 파도는 밀려오고 물러나지만, 당신이 바라보는 바다로부터 당신의 세월은 말라버린 서글픈 자궁이 됩니다.

수장된 오전으로부터 당신의 최초는 더 이상 사라지고 없습니다. 해안가에는 죽어버린 물고기떼가 눈물도 없이 피어오르고, 깊은 바다를 기억하는 발자국만이 첨벙첨벙, 문득 뒤를 돌아, 당신을 바라보고 있습니다. 당신은 썰물처럼 빠져나간 자궁을 흐느끼며, 잉태하지 못할 미래를 예감합니다.

해안선을 따라 바람은 초조하고, 수많은 당신들은 눈물을 흘리며 되돌릴 수 없는 세월을 흐느낍니다. 세월이 흐르면 죽음에 이르지 못한 자들의 무덤에도 꽃은 피어오르지만, 수많은 울음들은 이윽고 사라지고 영원히 잊히지 않습니다.

방파제 위에 한 여자가 앉아 있습니다. 등대를 바라보며 한 여자는 죽음에 이를 수조차 없습니다. 세월을 어루만지며 한 여자는 텅 빈 자궁을 흐느낍니다. 그리하여 수많은 한 여자의 가슴에서 죽어버린 아이들의 울음은 영원토록 서성입니다. 수많은 한 여자들의, 단 하나의 심박이 두근거리며

여전히 수장된 과거를 흐느낍니다.

*세월호 희생자의 수많은 어머니들에게 이 시를 바친다.

쿼바디스 도미네* 외 1편

차 옥 혜

세상은 거대한 눈꽃입니다
길들은 모두 사라졌습니다
당신은 어디로 가십니까
푸른 보리밭과 생수가 솟구치는 울창한 삼나무 숲은
전설이 되었습니다
장발장은 배고픈 조카들 때문에 또다시 빵조각을 훔쳐
교도소에 재수감되고
한 무리의 사람들은 빵을 찾아 죽음일지도 모르는
눈 산을 넘고 있습니다
어떤 이들은 폭설에 맞서 바리케이드를 쳤지만
얼어 죽었습니다
가엾은 사람들이 얼마나 더 눈꽃 속을 헤매다
죽어야 합니까
천년입니까 만년입니까
봄은 정녕 꿈꿀 수 없는 것입니까
햇살이 새싹의 볼을 어루만지는 벌판을
배고픈 이들을 위한 무료 빵가게를

언제쯤 볼 수 있습니까
생명이고 사랑이고 평화고 희망이고 영원인 당신이시여
세상을 덮어버린 눈꽃에 길을 내시며 오소서
눈꽃을 헤쳐 언 손들을 잡아끌어 언 몸을 품어주소서
당신은 어디로 가십니까

*쿼 바디스 도미네Quo Vadis Domine? 주여 어디로 가시나이까?

통일 전망대에서

통일을 전망해 보려고
300원을 주고 쌍안경을 빌려 본다
자동차로 17분만 달려가면 닿을 수 있다는
금강산이
철조망에 찔린 서북쪽 산맥들 사이에
고요에 싸여 있다
명사십리 향해 달려가는
해안선 따라
20분만 걸어가면
부모 형제 사는 땅이라는데
모래톱엔 고요만 뒹굴고 있다
더 좀 자세히 보려고
큰 망원경에 500원짜리 동전을 넣고
좌우로 위아래로 우좌로 아래위로
방향을 돌려가며 샅샅이 살펴본다
바다와 산과 하늘 사이엔
여전히 으스스 죽음 같은 고요뿐이다
그렇구나
먼저 저 고요 무너뜨려야
통일이 보이겠구나

벤치 위의 날들 외 1편

최 기 순

코끼리 다리를 잘라 꽃병과 샴페인 병을 만든다거나
내장이 쏟아진 채 차도가 된 고양이 시체가 아니더라도
벤치의 날들은 때로 참혹하다

그것은 해일이 덮친 듯
저무는 공원 돌의 얼굴이 천천히 어두워지듯
진행되었을 수도

감았던 눈을 뜨면 오후의 햇빛이 눈을 찌른다
시간이 금이 되지 않는
늙음의 하루가 머물 수 있는 곳은 공원 벤치

벤치는 군말이 없고 일어서려는 엉덩이를
친절하게 붙잡아 주고 벤치에 이끌려 잠이 들고
벤치는 오래 앉아있는 사물을 투명하게 만든다

물병을 들고 휙휙 지나가는 근육질들

울긋불긋 소란스런 점퍼들 사이
돌의 얼굴이 평온하다

어떻게 참아낼까 돌은
수많은 밝음과 어둠을
불타는 우주의 부분이었던 몸을
모서리를 궁굴려 표정이 부드러워지기까지
넘치는 시간의 질량을

섬이 된 덩치 큰 새들 맹금의 시간을 곱씹으며
폭포수처럼 쏟아지는 지루함을 덮어쓰고 있다

관곡지

연꽃 구경 온 사람들 왁자한
한쪽에서
벙어리 부부가 국화빵을 굽네요
연꽃은 피어있고 피어나고 사방 가득하고
묽은 밀가루 반죽 한 숟가락에
국화빵도 탐스럽게 부풀어 오르네요

갑자기 후두둑!
맑은 하늘에서 소나기가 쏟아지네요
사람들 연잎이라도 뒤집어쓰고 싶은 걸음으로
아열대성 소나기를 건너네요

이마에 나뭇잎 그늘을 컴컴하게 쓴 부부
꼼짝없이 옷이 흠뻑 젖었네요
가지런히 줄을 맞추고 국화빵도 젖네요
빵들이 조금씩 몸을 허무네요

햇볕은 다시 쨍쨍하고
구워도 구워내도
국화빵은 여전히 빵틀에 있네요

명나라 남경의 전당지에서
한 선비의 손에 몇 알 씨앗으로 들려와
여기 처음 연꽃 세상을 열었다는
그 때처럼
연잎사귀들 온통 수런거리네요

섬진강 외 1편

최 재 영

수백 리 섬진강을 곁에 두려
나는 당분간 세작細作이 되려 하였다
이 길을 다 알기 위해
그들의 속 깊은 곳까지 들여다보는 봄날
강변의 모래알까지 들썩이며
오래전의 두꺼비 울음이 다시 피어난 듯하다
때로는 물속에서 피고 지는 일도 감내하느라
수시로 일어설 기력조차 잊었느니
아예 그 안으로 걸어 들어가
기억나지 않는 시절까지 죄다 불러낸다
은밀한 비법을 염탐하고 필사하는 동안
내세까지 온전히 눈 멀고 귀 먼 나는
어느새 물오른 섬진강을 걷고 있다
금세 피고 지는 잎들이 팔랑팔랑한 시절을 떨어지고
세치 혀를 뽐내다가
그만 돌아가는 길을 놓치고 말았느니,
한 백년쯤 세를 내어

뿌리까지 썩혀 후일을 도모하고 싶었으나
무르익은 봄날이 내게도 휘황하게 찾아든 것이다
길 잃은 세작들은 올해도
앞 다투어 강물의 내력을 기록하는 중이다

항해 1

조개터 입구 영구임대아파트
외곽에 위치한 아파트는
오래전 조개무덤처럼 견고하다
저녁이면 더욱 단단하게 빗장을 질러
좀처럼 속을 들여다볼 수가 없는데
주민들은 곧 조개 속으로 들어갈 노인들과
아직도 정박할 곳을 찾는 사람들이다
조개의 딱딱한 껍질을 닮았는지
사람들은 자주 등이 가렵고
등 뒤 쉬이 벗겨지지 않는 가난을 긁어대며
건너편 도시를 당겨 적막을 비추곤 한다
뿌리가 없는 것들은 쉽게 밀려나기 마련이다
수평선이 멀어졌다 가까워지는 사이
석회질 같은 부스러기가 떨어져 내리고
그때마다 발붙이지 못해 떠 밀려온 패류들
오늘 또 몇 줄의 실직을 희석시키느라
위층에서 아래층까지
갯내처럼 차올라 이내 뱉어내는 고함
짜디 짠 파도가 흘러들자 촉수를 밝혀 항해하는지
집집마다 형광빛 푸른 노가 깜박거린다
조개들 꽉 다문 고요가 비릿하다

농사는 망했다 외 1편

한 도 숙

신자유주의 경쟁방식이
포르노인 건, 그렇다
새로 만든 자동차를 선보일 땐
새로 만든 것 같은 섹시걸이 필요하다
그건 무슨 법칙 같은 것보다 강도가 높아
이젠 법이 되어 버렸다
섹시한 결과
섹시한 모빌카
섹시한 돈과
섹시한 생명들에겐
남들이 보지 못하는 섹시한 눈으로
섹시하게 돈을 만든다
생존의 법칙이 서바이벌로 변하고
생존의 법이 포르노 자유로 이전해버린 세상에
남루한 농민의
흙 묻은 장화는 지금 전설이다
오늘밤 섹시한 아나운서의 소개로

농업도 섹시해져야 한다고
섬섬옥수에 스마트해져야 한다고
목소리 높인다
모든 게 포르노라야
경쟁력이 있다
섹시한 정부엔
농사도 농민도 섹시해야 된다
섹시한 농가소득은
포르노정책으로 탄생한다
거부하지 못할
농사는 끝.

항곶포에 닻을 내리 내리시게

짭쪼름한 입맛이 당기시는가
그대
여기 항곶포*에 닻을 내리시게
오래전 이 곳에 닻을 내린 사람들이 내려놓은
거친 숨소리와 짭조름한 내력들이
아직 식지 않고 수군대는 저녁
저마다 풀어놓은
황석어젓갈 짭조름함과
살아온 내력의 짭조름함이
심상치 않다네
그대
걷다가 구수한 저녁밥이 그리워지면
고단한 다리를 풀고
붉은 석양에 오르는 긴 연기자락
갈대를 스치는 바람소리
그대 들어 보시라
강을 거슬러 오르는
뱃사공의 거친 숨소리
저녁밥을 짓는 어미의 한숨소리

짭조름한 입맛이 당기시는가
그대
여기 항곶포에 닻을 내리 내리시게

*항곶포 : 경기도 평택시의 마을로 옛날엔 포구였지만 지금은 미군부대확장으로 사라진 마을. 수원 오목교를 흐르는 황구지천은 이 마을의 이름이 쓰인 하천임.

수사학修辭學 외 1편
-11월

한 우 진

오래전, 달력을 만들어 퍼트리던 사람들이 숨겨놓은 십일월의 비밀수첩에 의하면 첫째 날은 약이 떨어진 사람/ 쭈그리고 앉아있는 추리닝/ 그 위에 햇빛, 잠깐 반짝이다마는 윗도리 지퍼. 첫날은 해라도 보였지만 내리 삼일은 흐렸는지 헤일 수 없이 동백아가씨 돌아가며 일절씩/ 안주 떨어진 술상에 놓인 젓가락이라고 적고 있다. 닷새째에 이르러 그들은 먹구름 몰려드는 석쇠 위에 얹은 꽁치 두 마리라고 쓴 다음 술상을 접고 다음날 새벽을 맞았는데 그날을 리어카를 눕혀놓고 허겁지겁/ 파지 줍는 노파의 늘어난 손가락이라고 불렀다. 수첩의 중간은 찢어져 있었지만 이레와 스무닷새 사이를 그들은 붉은 색으로 그어놓았다. 황새의 붉은 다리가 긁고 지나간 숲에서/ 흰색 페인트가 벗겨진 채로 바코드처럼 서 있는/ 자작나무/ 이거나 그 황새의 다리. 희미하게나마 남아있는 이런 대목을 보면 여전히 그들은 십일월이 형이상학이 아니라 노래라는 것을 터득하고 있었던 것 같다. 꾀꼬리울음에서 관棺을 인출하려는 사람들이 번호표를 뽑아 들고 늘어선 기다란 줄이라고 스무엿새를 기록하고 있는 것은 그것을 더욱 강화시킨 것으로 보인다. 곧바로 스무이레를 부실 저축은행

회전문에 기댄 외다리 사내의 지팡이라 했으니 그때나 지금이나 막막한 하루를 지탱하려면 지푸라기가 아니어도 무언가는 잡아야하리. 뱀을 밟은 맨발이 벗어놓은 구두는 스무여드레, 모터를 장착한 눈발이라고 밝힌 스무아흐레를 지나 참으로 기발한 것은 그들이 그믐에 이르러 마지막 날을 눈을 뒤집어쓰고 하늘로 올라가는 바슐라르버스라고 명명했다는 사실이다. 추울수록 몽상하기 좋다는 것을 그들도 알고 있었던 것일까. 그들과 더불어 강에 얼음을 지피기 위해 갈대밭을 소리로 불태우는 눈보라.

용구처인가龍駒處仁歌

1

북산의 소나무 벼락을 맞아
깃들었던 새들 다 죽자
초제醮祭[1]를 지내러 가는 서선徐選[2]처럼
낡은 수첩을 뒤적이다가
처럼, 은둔의 폐교廢校처럼
거기 운동장에 반쯤 처박힌 폐타이어처럼
힘들게 살다간
사람들의 죽음을 생각하는 밤

처럼, 창문에 부딪힌다
난데없이
이 가을에 싸락눈 내리는 소리

처럼, 아직은 초록이라고
힘겹게
풀벌레가 밤새 가는 촉鏃으로
제 이름 쓰는 소리

처럼, 은백양銀白楊 이름표

여럿, 밤하늘에 떠있다

2

부아산負兒山에 올랐어라
올랐어라 비류沸流와 온조溫祚
십신十臣을 이끌고 올랐어라
안성천 아랫도리 미추홀[3]이 열렸어라
부아악負兒嶽 어슴푸레하다만
여기서 결심하고
직산 위례성을 열었어라

백제의 어느 날,
까마귀 시체로 뒤덮인 멸오滅烏였다가
말아, 말아[4]
힘찬 어린 말 뛰어노는 구성駒城은
고구려의 왕성함이었어라
용을 닮은 말아, 말아
그리하여 신라의 한때는 거서巨黍였어라

그러나 말아, 말아
삶의 팽팽한 한때는
어찌어찌해도 죽음보다 느슨하고
제아무리 삶이 유장해도 죽음을 휘감지 못하네
그리하여 '죽어 용인'[5]은 아무래도 '삶이 들끓는 용인'

나 부아산에 올라 별을 향해 쓰네
죽어야만 사는 이름을 쓰네

李耔,
柳瑾,
柳馨遠,
南九萬,
鄭夢周,
閔泳煥,
安弘國,
趙光祖,
吳允謙[6]

■주(註)-------

1) 별을 향하여 지내는 제사.
2) 태종 14년 갑오(1414, 영락12)/10월14일(갑신) 용인(龍仁)의 금령역(金嶺驛) 북산(北山) 소나무에 벼락이 쳐서 잠자던 새들이 많이 죽었다. 대언(代言) 서선(徐選)을 소격전(昭格殿)에 보내어 하원일(下元日) 초제(醮祭)를 지내도록 하여 기양(祈禳)하였다."(태종실록: 2책 41면)
3) 仁州 密頭里(김성호 저_〈비류백제와 일본의 국가기원〉 p.59)
4) 구(駒)는 우리말 고어의 '말아' 즉 크다, 높다는 의미의 말을 한자로 표기한 것.
5) 살아 진천, 죽어 용인: 설화에 의하면 "살아서는 진천에서 살았으니 죽어서는 용인에서 살라"
6) 이자, 류근, 유형원, 남구만, 정몽주, 민영환, 안홍국, 조광조, 오윤겸의 묘가 용인에 있다.

달방 외 1편

홍 순 영

내 것이 아닌 것을 끌어안고 자는 밤

어둠은 어둠 속에서 살이 오른다
잃어버린 빛들은 어디에 고여 있을까

멀어서
눈 뜨고 만지는 달의 허리처럼
멀어서
눈 감고 만지는 몇 장의 지폐들이
나선을 그으며 추락하는 밤

더러운 유리창에 떠 있는 '달방'

바람에 덜컹이는 달

자꾸만 옆구리를 파 먹히는 달

포식할 수 없는 풍경이 식어가는 그 방은
어쩌면 어둠 속 바다
물결 소리 대신 잔기침 일렁이는,
먼, 먼 수평선

충혈된 눈을 가려주며 떠오르는
붉은 달방 속으로
낮달 같은 얼굴 사라진다

장안문*

홍 순 영

덩치 큰 사내가 버스정류장 앞에 우두커니 서 있다
그는 수백 년을 한 자리에서
타인의 지문을 읽는 일로 자신을 묶어 놓았다
발이 묶여 있다는 것, 그것은 갇힌다는 것의 또 다른 형식
어떤 아버지는 아들의 기억 속에 스스로를 유폐시키기도 했다

밖이 안이 되고, 안이 밖이 될 수도 있는 시간 속에
홀로 제 자리를 지킨다는 것은
돌의 심장을 갖는 일
때로 돌 한 귀퉁이가 부스러지거나
계절을 따라 이끼를 입는 것은 인간적이다

한 곳에 묶인 채
하늘과 구름, 바람 같은 신의 영역을 훔쳐보는 것은
꽉 막힌 공간에서
막혀가는 목소리로 아버지를 부르듯
한없이 멀고, 슬프고, 캄캄해지는 일

차량과 상가의 소음 속에 사내의 적막도 늦도록 수런거린다
그는 사람들이 모두 집으로 돌아간 뒤에야
먼지에 찌든 자신의 발등을 곰곰 들여다볼 것이다

수백 년 된 기억의 뒤주 속을 뒤지던 늙은 아이가
달빛 아래 잠꼬대하듯, 아버지를 부른다

*조선 정조가 부친 사도세자를 향한 효심과 개혁의 꿈을 실현하려고 세운 수원화성의 북문

칠순 청년, 석송 외 1편

홍 일 선

늦가을
중군이봉께서
참선에라도 깊이 들으신 듯
천지간이 고요할 때 여강 서쪽
한 폭 거대한 수묵화 속으로
붉은 노을을 모시고 찾아온
해오라기 형제들 있었으니
그때 그이도 도리를 고향 삼았으리

청미천 백오십리길
느리디 느린 발걸음
소원 이루어 마침내 강이 되는
합수머리 적멸의 시간
하염없이 바라보던 이여
지수화풍地水火風 발자국 소리라도
들었던 것인가

오늘 다 못 쌓은
돌탑 비나리 속으로
도리섬이 고요히 누울 때
첫눈 펄펄 날리던 젊은 날
초심 다시 일으켜 세우는
칠순 청년 농부가 여기 있다
천년이 여여한 돌과 소나무
이심전심의 석송이 도리에 있다

우리를 슬픔이 없는 땅으로 데려다 주오

강물은
청산과 다투지 않고서도
세세 강물이고 년년 청산인데
강이 없는 곳에서 물이 되고자 했음인가
산이 없는 곳에서 숲이 되고자 했음인가

누구를 기다리지 않아도
누군가를 그리워하지 않아도
들녘은 땀 흘려 일하는 사람들의
따듯한 거처였는데
그날 그 사람들
다시는 집으로 돌아올 수 없었나니
오늘 2015년 10월 24일
삼가 무릎 꿇어 비옵나니
끝내 돌아오지 못한 사람들이여
부디 흠향하소서

아수라 비명 속에서도
벼이삭은 가을 강을 향해 고개 숙였는데
어둠이 너무 깊은 탓이었으리

무명 깨닫지 못한 업보였으리
들녘의 온갖 꽃들 무명초들
씨앗으로 향기로 꽃으로 열매로
땅위에 절정을 남기고 가는데
이 땅에서 사람이었던 것 부끄러워라
이 땅에서 시인이었던 것 부끄러워라
동포형제 운운했던 것
홍익인간 운운했던 것
부끄러워라 참으로 부끄러워라

왼쪽 팔은 오른쪽 팔이 있어야하고
오른쪽 눈은 왼쪽 눈이 있어야 되는 것인데
반쪽 팔로는 외눈배기 눈으로는
세상 옳게 바라볼 수 없는 것인데
그리하여 좌우 좌익 우익은 일심동체인 것인데

아하 그 때 그 날
여주 읍내 건지미 골짜기에서 가남지서 뒷산에서
박산고개에서 금사면 옹기정에서 계신리 강변에서
매류리 고령토 구덩이에서 보통리 강변에서 장풍리
골짜기에서 신남리 버시고개에서 새째골짜기에서
여주향교 뒷산에서 하리 강변 모래톱에서 복대리
쇠고개에서 효지리 마을 뒷산에서 당진리 봉골산에서
그리고 바로 이곳 양섬에서

산과 들과 강이 마주한 시간들
사람의 시간 아니었으리
청산 청강의 시간 아니었으리

슬픔이 없는 나라
눈물이 없는 나라
어머니 대지는 알고 계시었으리
베어도 또 베어도 태어나시는 풀들도 알고 있었으리
천지보은의 땅에 이르는 길
보도연맹도 치안대도 국방군도 인민군도
그 땅에서는 다 동기간이어서
형제 보은의 집으로 가는 길
침묵의 남한강 여강께서도 알고 계시리

제2부

산문

누란

현 기 영

김일강이 잠시 허물어졌던 표정을 고치고 다시 말을 잇는다. 표정이 딱딱하게 굳었다.

"아까도 말했지만, 제이치가 좋은 사람이었다고는 말하지 않겠어. 물론 결점이 있지. 비정하다는 것, 잔인하다는 것, 그것이 바로 그의 결점이야! 그런데 희한하게도 그것이 민중에게는 결점이기는커녕, 오히려 다른 누구도 가질 수 없는 장점으로 보인단 말이야. 잔인하다는 것, 가차없다는 것, 그것이 권력의 속성이야. 구약의 신, 야훼가 무섭고 잔인하다고 해서 아무도 그걸 결점이라고 보지 않듯이 말이야. 민중은 그 무서운 카리스마에 현혹되는 거지. 인간은 누구에게나 복종의 피가 흐르지."

허무성은 그 말에 반박하고 싶지만, 엄두를 내지 못하고 입속으로 중얼거린다. 하기는 인간백정 스딸린도 복권되고 있는 세상이니까. 격하운동으로 사라졌던 스딸린 동상들이 다시 세워지고 있단다.

"영화를 보면, 조직폭력배도 잔인성이 결점이긴커녕 오히려 매혹적인 카리스마가 되고 있죠."

"왜 조폭을 들먹거려?"

"그게 아니고요, 제 말은 조폭영화를 좋아하는 대중의 취향과 파콜로지의 좋은 온상이 될 거라는 거죠. 충성과 복종과 의리. 작년에 조폭영화 「친구」가 팔백만 관객을 동원했죠. 놀라운 숫자 아닙니까?"

"그렇지! 나도 그 영화 봤지. 아주 좋은 영화였어. 고교 교복 입은 모습도 좋고. 검은 제복, 얼마나 멋있나! 그걸 바보같이 전두환이가 벗겨버렸단 말이야. 교복자율화 운운하면서 말이야. 제가 무슨 자유를 안다고. 군화나 지켜야 할 주제에 나와서 지랄 옘병한 거지, 안 그런가. 아무튼 그 영화엔 진짜 사나이들이 나오지 우리가 잃어버린 진짜 사나이들. 팔백만 관객이 바로 그걸 그리워하는 거야."

"게다가 우리나라 남자들은 거의 모두가 졸병으로 군복무를 했기 때문에 충성과 복종의 정서에 익숙하죠."

"아암, 잘 봤어! 국민 개병제가 곧 파콜로지의 온상이야."

허무성이 쿠션의자에 파묻혀 있던 상체를 앞으로 당기면서 목소리에 힘을 준다.

"그리고 요즘 젊은 애들은 조폭영화뿐만 아니라, 공포영화도 좋아하지 않습니까? 공포물을 좋아하는 대중의 취향도 역시 파콜로지에 잘 들어맞을 것 같네요. 공포는 워낙 파시즘의 도구이지 않습니까? 공포영화에 익숙하면 공포정치에도 익숙해질 것 같거든요. 요즘 영화와 인터넷 싸이트를 통해 공포에 중독된 청소년들이 적지 않답니다. 일용할 양식처럼 그들은 수시로 한 사발의 피와 한 사발의 공포를 들이켜요. 요새 젊은 애들이 좋아하는 스너프 필름이란 거 아세요? 우리 학생들이 좋아하기에, 그게 어떤 건가, 하고 한번 보러 갔다가 혼났어요. 영화관을 나온 다음에도 헛구역질이 멈춰지지 않았어요. 「나이트메어」나 「시계태엽장치 오렌지」 같은 영화 보셨나요?

화면에 피가 철철 넘쳐흘러요. 낭자한 피와 소름끼치는 비명소리! 몽땅 죽여버리는 겁니다. 닥치는 대로, 죽여요! 시체들이 줄줄이 누울 자리 찾아 다퉈요. 아아, 떼죽음들!"

"허교수, 왜 그래? 왜 갑자기 흥분해?"

"아, 떼죽음들! 그 공포를 사람들이 좋아한다니까요. 아, 그들에게 공포는 쾌락이랍니다. 전 정육점 앞도 피해다니는 겁쟁이 환자가 되어버렸는데 말예요. 붉은 피를 보면 옛날의 공포가 되살아나요!"

그 순간 허무성은 자신이 고문의 기억을 지우지 못하는 것도 그 공포에 중독되어 있기 때문이 아닐까, 하는 생각이 든다.

"옛날의 공포라니, 무슨 말이야? 자네 취했나보군."

"예, 취했어요. 되살아나는 공포, 그것이 무엇인지 정말 모르세요? 좋아요. 한번은 프랜씨스 베이컨의 화집을 보고 발작난 적이 있어요. 사람의 것인지 동물의 것인지 모를, 도살당한 시뻘건 사체의 그림들이었죠. 그런데 공포가 쾌락이라니! 폭력, 붉은 피가 쾌락이라니! 저에겐 무서운 고통인데. 할복한 미시마 유끼오의 피! 그걸 의원님은 좋아하시잖습니까? 두려워하면서도 쾌락을 느끼시잖아요."

"자네 취했군, 취했어."

허무성은 갑자기 밀려드는 취기에 일순 현기증을 느낀다. 정수리에 찌르르 자극이 오면서 두피가 벗겨지는 듯한 느낌이다.

"전 병을 앓고 있어요. 죽음의 공포가 절 따라다녀요. 그 공포가 견디기 어려워요. 아, 미치겠어요. 너무 두려워서 자살하고 싶은 충동까지 일어나곤 해요."

"도대체 무슨 소리야? 왜 그렇게 됐어? 무슨 병이야?"

"제가 왜 이렇게 됐는지 정말 모르세요?"

허무성은 부지중에 높아진 자신의 목소리에 흠칫 놀라 얼른 시선을 돌린다.

"무서워요. 저 죽음을 피해 어딘가에 숨어버리고 싶어요. 파콜로지를 지지하면 안식을 얻을 수 있을까요? 저 집단, 저 군중 속에 숨으면 죽음이 날 찾지 못할까요? 집단 속에 있으면 불안, 공포가 사라질까요?"

"자네, 왜 그래? 우울증인가? 무얼 복잡하게 생각하는 모양인데…. 복잡한 것도 단순하게 생각하라고. 필요한 건 행동이야. 단순해야 해. 의심해선 안돼. 무조건 믿어야 돼. 아무 의심 말고 몸과 마음을 의탁해야지. 예수를 믿고, 제이치를 믿고, 미신을 믿고, 신화를 믿어야지. 대중이 무식한 만큼이나 그들을 지도하는 엘리트 그룹도 단순무식해야 하는 거야. 필요한 건 생각이 아니라 행동이야. 그게 파시즘이야."

"그래요, 전 환잡니다. 단순한 우울증이 아니에요. 트라우마가 무슨 병인지 아시죠? 저에게 그 병이 왜 생겼는지 아시잖아요. 아, 그 지하실, 그 지하실의 기억이…."

김일강이 무슨 말인지 알아듣고 얼른 허리를 곧추세우며 긴장한다. 갑자기 사나워진 눈빛. 대머리의 억센 두개골 위에 지렁이처럼 꿈틀거리는 두 개의 핏줄. 그래서, 어쩌겠다는 거야? 하는 고함이 그의 입에서 터져나올 것만 같다. 허무성은 상대방의 사나운 눈빛을 더 이상 견디지 못하고 눈을 감아버린다. 김일강이 이내 긴장을 풀면서 아무 일도 아니라는 듯이 너털웃음을 웃는다.

"허허허! 혼자서 생각을 너무 많이 해서 그런 망상이 생기는 거야."

"아, 공포가 쾌락이라니…."

"그럼, 공포가 쾌락일 수도 있지. 문화국민이라는 프랑스인도 그렇잖아. 그들은 단두대 공포정치의 상징인 로베스삐에르를 지금도 좋아한다는구먼. 물론 공식적으론 그렇게 표명하지 않지만, 본심이 그렇다는 거야. 인간은 소름끼치는 공포일수록 두려워하면서도 좋아하는 것 같아. 그 공포가 자기한테 닥치지 않는다면 얼마든지 환영할 준비가 되어 있지. 그래 폭력이 없고 공포가 없으면, 권력도 카리스마도 없는 거야. 물론 시대가 바뀌었으니까, 거기에 맞게 세련된 파시즘이어야 하겠지만 말이야. 아까 말한 S대 이진수 교수 있잖아. 그가 나한테 한 말인데, 박정희를 연구하면서 깊이 들어갈수록 그 인물에 매혹된다는 거야. 뭐라고 했더라? 으음, 박정희를 연구한다는 것은 그 시대를 산다는 것과 같다고 했어. 그 시대의 공포를 온몸으로 느낄 수 있고 그 생생한 감각을 좋아한다고 했지. 학생 때 경험 못한 거 지금에야 경험한다고. 그럴 정도로 대학생 때 지독한 공부벌레였던 모양이야."

허무성이 분노로 뜨거워진 입술을 혀로 핥는다. 아랫입술 밑의 실핏줄들이 마구 불끈거린다.

"그 공포시대에 우리가 공포를 먹고 살던 그때에 이진수, 그자는 책만 파먹고 살았군요. 우리 몰래 숨어서 공부만 했겠죠. 아, 우린 늘 체포와 고문의 두려움에 시달리고, 그자는 붙잡혀가는 우릴 보면서 짜릿한 안도감을 느꼈겠죠. 그리고 어느날, 허무성은 한밤중에 납치되어 남산의 그 지하실로 끌려갔죠!"

그 위험한 말이 드디어 입밖으로 튀어나온다. 그 말이 튀어나온 순간, 허무성은 스스로 깜짝 놀라 온몸이 경직된다. 경적음처럼 고

막을 찢을 듯이 귓속에 가득 차 울리는 이명. 김일강도 놀라서 눈이 휘둥그레진다. 거친 호흡. 공기를 급히 빨아들여 두 사람 사이의 공간은 이내 진공상태가 된다. 허무성은 속에서 들끓는 자신의 절규를 듣는다. 야, 이 새끼야! 그 말을 참느라 온몸에 소름이 쫙 끼친다. 김일강의 얼굴이 서서히 일그러지면서 눈빛에 무서운 독기가 점화된다. 벗어진 앞머리에 두드러진 두 개의 핏줄이 지렁이처럼 꿈틀거리고 이 위로 입술이 잔인하게 말려올라가 있다. 그 지하실의 고문자, 포식자, 천적, 바로 그 얼굴이다! 치밀어오르는 생생한 공포! 허무성은 상대방의 부릅뜬 눈에 맞서지 못하고 맥없이 시선을 떨구고 만다. 그렇다. '야! 이 새끼야!' 라고 말할 수 있는 사람은 그가 아니라, 김일강이다. 그가 다른 사람이 듣지 못하게 목소리를 낮춘다.

"야, 이 새꺄! 그래서? 그래서 어쨌다는 거야? 이 씹새꺄!"

뱀의 뱃바닥같이 낮고 차가운 목소리. 그 차가움에 허무성은 진저리친다.

"이 새꺄! 눈떠! 눈뜨고 날 똑바로 쳐다봐! 내가 누구야? 내 이름이 뭐야? 내가 누군지 똑바로 보란 말이야!"

김일강이 탁자를 넘어 당장 덮칠 듯이 상체를 일으킨다. 부릅뜬 눈에서 독기가 철철 넘친다. 가르릉가르릉, 목구멍에서 무섭게 화가 끓어오르는 소리! 옛 고통, 그 죽음의 감각이 생생하게 되살아나 허무성의 심장을 움켜쥔다. 입안에 와락 쳐들어온 콜트 45권총! 육군대위 이석구, 그리고 그 앞에 너부러진 시체들의 영상이 번개같이 스쳐간다. 즉각 항복한다. 고개를 떨군다. 불가항력의 천적. 순식간에 오관이 마비되고 의식이 아득해진다. 천적 뱀이다. 뱀 아가리 앞에 완전히 넋을 잃어버린 들쥐, 야릇한 황홀상태, 그처럼 심신이 마비상태가 되어 먹혀들어갈 준비가 된다. 그의 몸속에 먹혀들어간다. 먹혀들어가 그 몸의 일부가 된다. 암수 동체, 그와 나는 하나가 된다. 감긴 눈에서 눈물이 소리없이 흘러내린다. 오른쪽 귀에 뜨거운 입김과 함께 무섭게 속삭이는 소리가 들려온다. 난 내가 만든 자를 절대 잊지 않아! 난 널 만든 사람이야! 눈물이 하염없이 흘러내려 머리끝까지 뻗친 긴장을 녹여낸다. 몸이 축 늘어진다. 취기와 탈진의 피로가 한꺼번에 밀려들면서 들끓던 분노는 그렇게 맥없이 가라앉아버린다. 죽음이다. 정신의 모세혈관까지 서서히 번지는 죽음의 독. 야릇한 쾌감의 죽음….

그런데 뜻밖에 김일강의 눈에서도 눈물이 흘러내리고 있다. 그가 조용히 일어나 허무성의 옆자리로 건너가더니 그의 어깨를 감싸안고 흐느낀다.

"허무성, 아, 자네가 괴로우면 나도 괴로워. 날 봐. 나도 울고 있어. 우린 한몸이야. 자네 머릿속에 내가 박혀 있듯이, 내 머릿속에 자네가 박혀 있어. 아, 그동안 얼마나 자넬 보고 싶었는지 몰라. 물론 바쁘긴 했지. 좌파 새끼들과 싸우느라고 말이야. 내 공격을 받은 새끼들이 내 약점을 적발해내려고 여간 혈안이 아니었어. 물론 자넬 못 만날 정도로 바쁜 건 아니었지. 솔직히 자네 만나기가 두려웠던 거야. 자네가 내 적들에게 가담해서 날 공격할까봐 두려웠어. 자네가 결코 날 고발 못하리라는 걸 잘 알면서도, 이상하게 불안했어. 내 손에 치도곤당한 자가 한둘이 아닌데, 유독 허무성, 자네만이 꿈에 나타났어. 자주 꿈에 나타났어. 자주 꿈에 나타나 날 고문했다고! 고문당했던 자가 꿈 속에 나타나 고문자를 고문하는 거야. 정말 무서웠어. 그 지하실에서, 자네가 내 손에서 몽둥이를 뺏고 사정없이 날

때렸어. 날 고문하고, 그리고 날 고발했어."

그의 눈물이 허무성의 눈물에 섞여든다. 허무성은 제 몸이 이미 암컷으로 변해 있음을 느낀다. 김일강의 얼굴에 박정희와 미시마 유끼오의 얼굴이 겹친다. 눈을 감은 채, 몽롱한 의식상태에서 중얼거린다.

"그래요, 의원님도 제 꿈에 자주 나타났어요. 제 입안에 콜트 권총을 넣고 방아쇠를 당겼어요. 격투 벌이는 꿈도 자주 꿨어요. 하지만 아무리 주먹질해도 당신 얼굴을 맞힐 수 없었어요. 허탕만 치는 거예요. 마치 물에 빠진 사람이 죽어라고 팔을 휘두르며 헤엄치는 느낌이었어요."

–『누란』 부분, 창비, 2009.

노래 「부용산」에 얽힌 50년 사연

김 학 민

부용산 오리 길에/ 잔디만 푸르러 푸르러
솔밭 사이사이로/ 회오리바람 타고
간다는 말 한마디 없이/ 너는 가고 말았구나
피어나지 못한 채/ 병든 장미는 시들어지고
부용산 봉우리에/ 하늘만 푸르러 푸르러

박기동 선생은 1917년 전남 여수 앞바다 돌산도에서 태어나 12살 되던 해에 가족과 함께 보성군 벌교로 이사를 왔다. 일제하 식민지 현실에 절망하며 청소년 시절을 방황으로 보내기도 한 박기동 선생은 한의사인 부친의 지원으로 일본에 유학, 관서대학 영문과를 졸업했다. 박기동 선생은 대학 시절 영문학을 전공하면서 한편으론 모국어의 소중함을 인식, 우리의 말과 글을 갈고 닦는 시인이 되고자 일찍이 일생의 방향을 정했다.

박기동 선생은 1943년 귀국하여 벌교남보통학교 교사로 있다가 해방을 맞았다. 1946년 광주 서석국민학교 교사, 벌교상고(현 벌교제일고등학교의 전신) 영어 · 국어 교사를 지내고, 1947년에는 순천사범학교 교사로 근무하고 있었는데, 이때 좌파 계열의 남조선교육

자협회에 가입, 순천경찰서에 4개월여 동안 구금된 후 6개월간 교사직이 정직되었다. 이 6개월은 비운의 노래 「부용산」과 함께 평생 박기동 선생에게 굴레가 되었다.

박기동 선생에게는 천사와 같이 착해 특별히 예뻐하고 아껴왔던 여섯 살 아래 여동생 영애가 있었다. 박영애는 꽃다운 18세에 혼인하였으나, 결혼 몇 년 후 폐결핵에 걸려 순천도립병원에 입원하게 되었다. 순천사범에 근무하던 박기동 선생은 애잔하게 생명의 끈을 이어가던 누이의 병실을 자주 찾아 갔지만, 덧없이 누이는 자식 하나 남기지 못하고 1947년 24세의 나이로 저 세상으로 떠났다.

시집 식구 몇몇과 친정 피붙이들만 모인 가운데 쓸쓸한 장례식이 치러지고, 박영애의 시신은 벌교읍에서 낙안으로 가는 길옆 연꽃 모양을 닮은 부용산 자락에 묻혔다. 박기동 선생은 사랑하는 누이를 부용산 자락에 묻고 산기슭 오리 길을 걸어 내려오며 그 사무치는 슬픔과 애틋함, 허망함을 못 이겨 한 편의 시를 지으니, 이 시가 「부용산」이다.

1948년 박기동 선생은 누이의 흔적을 지우기라도 하듯 벌교를 떠나 목포의 항도여중(현 목포여고의 전신)으로 전근을 갔다. 당시 항도여중에는 안성현이 음악선생으로 있었다. 안성현 선생은 동경 동방음악원 성악부 출신으로 피아노를 잘 쳤고, 또 용모도 준수하여 학생들 사이에서 인기가 높았다. 두 사람은 민족의식이 투철하였고, 예술적 감수성도 통하여 곧 친하게 지내는 사이가 되었다.

안성현 선생에게도 어린 누이 안순자가 있었다. 가야금 명인이었던 아버지 안기옥이 북으로 떠난 뒤 극진히 보살피던 누이였으나, 1947년 박영애가 세상을 떠나던 해 안순자도 15살의 나이로 광주에서 짧은 생을 마감했다. 당시 항도여중에 김정희라는 3학년 학생이 재학하고 있었다. 김정희는 서울에서 경성사범학교를 다니다가 해방이 되자 고향 목포로 내려와 항도여중에 재학하고 있었는데, 학업 성적도 우수하였을 뿐 아니라 문학적 소질이 뛰어나 선생님들로부터 귀여움을 많이 받았다.

그런데 1948년 가을, 김정희가 16세의 나이로 갑자기 요절해 버렸다. 김정희를 특별히 아꼈던 안성현 선생은 어린 제자를 추모하는 노래를 만들고 싶어 했다. 그래서 평소 눈여겨보았던 동료 박기동 선생의 시 「부용산」에 안성현 선생이 선율을 입히니, 이 노래가 「부용산」이다. 결국 노래 「부용산」은 박영애, 안순자, 김정희 세 애잔한 젊은 죽음을 기리는 박기동, 안성현의 제망매가祭亡妹歌였던 것이다.

그러나 박기동, 안성현 두 사람의 슬픈 운명처럼 노래 「부용산」의 운명 또한 기구했다. 「부용산」은 1948년 4월 11일 목포 평화극장에서 열린 학예회 때 항도여중 5학년생 배금순의 노래로 처음 발표되었다. 그리고 그해 8월에 발간된 안성현의 두 번째 작곡집에 실렸다. 이 노래의 사무치는 가사와 애잔한 선율은 해방 정국의 신산한 삶을 살아가던 남도 사람들 사이에서 크게 회자되었다. 노래가 입에서 입으로 퍼져 나가고, 그해 10월 여순반란사건으로 산으로 쫓겨간 이들은 두고 온 가족에 대한 그리움을 이 노래로 달랬다.

남도지방 지식인들 사이에서만 은밀하게 구음 전수되던 이 노래는 안치환으로 인해 햇빛을 볼 수 있었다. 1998년 안치환은 신곡 앨범 '노스탤지어'를 내면서 「부용산」을 취입하였는데, 곡 설명에는 '작자미상의 구전가요'라고 했다. 안성현 선생이 월북하여 작곡자가 알려지지 않은 데다가 작사자인 박기동 선생조차 그 행방을 알 수 없었고, 6·25 때 빨치산이 즐겨 불렀으며 7,80년대 민주화운동 세력들 사이에서만 은밀히 회자되었던 노래였기 때문에 안치환이 그렇게 생각한 것도 무리는 아니었다.

부용산에 대해서도, 장흥의 부용산이라는 주장(그러나 이 산은 한자가 다르다), 광양 백운산 부근의 빨치산 근거지였다는 이야기에서부터 엉뚱하게도 지리산의 다른 이름이라는 설 등 그 위치조차 분분하였다. 그러나 이 시에 나오는 부용산은 전남 보성군 벌교읍 근교의 높이 96미터의 야트막한 산으로, 빨치산이 근거지를 틀고 활동하기에는 너무 작았으므로 애초부터 빨치산과는 관계가 없었다.

1998년 박기동 선생의 제자인 경기대 김효자 교수에 의해 노래 「부용산」의 원본이 발굴되면서, 작사자 박기동 선생이 호주에 살고 있다는 것, 작곡자 안성현 선생이 동족상잔의 와중에서 북으로 올라갔다는 것 등이 밝혀지면서 이 노래에 얽힌 사연들이 하나 둘 확인되기 시작하였다. 안성현 선생은 1950년 9월 15일 목포에서 공연한 무용가 안성희(최승희의 딸)를 만나 동경 유학 시절부터 잘 알던 최승희와 아버지 안기옥을 만나기 위해 북으로 갔다. 안성현 선생이 최승희의 남편인 안막의 조카라는 설도 있으나 이는 사실이 아니다.

안막은 경기도 안성 출신이고, 안성현 선생은 전라남도 나주시 남평 출신이다.

그동안 그가 만들었던 11곡의 음악이 담긴 작곡집만 전해져 왔는데, 몇 년 전 안성현 선생의 처조카 성경래 씨가 어렵사리 두 번째 작곡집을 발굴했다. 이 작곡집에는 일제 강점기 조선인들이 애창했던 「엄마야 누나야」(김소월 시)를 비롯해 「부용산」, 「낙엽」(안성현 작사 작곡), 「앞날의 꿈」(조희관 시), 「진달래」(박기동 시) 등 민족의 아픔을 희망으로 승화시킨 23곡의 노래가 수록되어 있다. 안성현 선생은 2006년 4월 평양에서 타계했으며, 2009년 4월 나주시 남평읍에 '엄마야 누나야 강변 살자' 노래비가 세워졌다.

박기동 선생은 1957년 목포사범학교 국어교사를 끝으로 교직을 떠났다. 1961년 서울로 이주한 그의 가족들은 이루 형언할 수 없는 가시밭길을 걸어야 했다. 늘 감시를 받은 것은 물론 툭하면 가택수색과 연행, 구금을 당해야 했다. 시 「부용산」 중에 '피어나지 못한 채 병든 장미는 시들어지고' 라는 구절은 박기동 자신의 운명이 돼버린 것이다. 가택수색 등으로 시작詩作 노트도 모두 빼앗겨 평생의 소망인 시집 한 권 내지 못했다. 박기동 선생은 부인을 먼저 보내고 한국에선 더 이상 시를 쓸 수도, 시집을 낼 수도 없다는 절망감 때문에 76세에 혈혈단신 호주로 이민을 갔다.

한국일보 김성우 논설위원은 1998년 노래 「부용산」에 얽힌 사연을 한국일보 지면에 2회에 걸쳐 소개하였다. 이를 계기로 목포와 벌교를 중심으로 시와 노래 「부용산」에 대한 여러 행사가 이어지면서 화제를 모았다. 1999년 목포의 '부용산 살롱음악회'를 시작으로 벌교 부용산에 정자와 시비(1999년 9월)가 세워졌고, 목포여고 교정에도 '부용산 노래비'(2002년 4월)가 세워졌다.

노래 「부용산」의 구전에는 진보적 지식인들의 역할이 컸다. 시인 김지하, 김남주, 소설가 천승세, 송영, 황석영, 경제학자 박현채, 홍익대 경제학과 교수 정윤형, 전 노동부장관 남재희, 전 교통부장관 이계익, 전 연합뉴스 사장 김종철 등이 「부용산」을 애창했다. 그중에서 소설가 송영과 고 김남주 시인의 버전이 가장 정감 있게 「부용산」의 애절한 사연을 표현하는 것으로 평가받았다.

노래 「부용산」은 7,80년대 학생운동가들이 감옥에서 미전향 장기수들로부터, 또는 이 노래를 알고 있었던 동료들로부터 배워 이후 민주화운동권에 널리 퍼져 나갔다. 빨치산 활동을 했던 미전향 장기수들이 이 노래를 알고 있었고, 가사의 내용이 젊은 아내나 누이들을 집에 두고 입산한 사람들의 애절한 마음을 표현하는 것 같아, 이때까지는 가사의 그 서정성과 선율의 애잔함에도 불구하고 노래 「부용산」은 빨치산이 부른, 빨치산의 투쟁가로 알았던 것이다.

안치환에 이어 국소남, 한영애, 이동원, 윤선애, 유민 등의 대중가수가, 바리톤 박흥우가 「부용산」을 취입했다. 이들의 노래는 각각의 창법, 음악적 취향과 해석에 따라 특별한 맛을 보였지만, 그 동안 미궁이었던 노래의 사연만큼이나 가사도 조금씩 달리했다. 박기동 선생의 원작 시가 확인된 이후에 취입한 듯 한영애와 이동원의 노래만 이 원작 가사와 같았다. 이후 여러 시인들이 다투어 부용산을 자기 시의 소재로 삼았고, 소설가 정도상, 최성각은 시와 노래 「부용산」에 얽힌 사연을 소설로 썼다.

2002년에 5월 20일 '부용산'이라는 이름으로 박기동 선생의 산문집이 발간되었다. 그때 목포에서 이를 기리는 출판기념회가 있었는데, 박기동 선생도 잠시 귀국해서 그 자리에 참석했다. 그 자리에서 박기동 선생이 직접 시 「부용산」을 낭독하였고, 분위기가 무르익자 참석했던 사람들이 제각기 돌아가면서 자신만의 스타일로 「부용산」을 노래했다. 그때 참석자들의 요청에 따라 박기동 선생도 직접 노래를 불러주었다.

> 그리움 강이 되어 / 내 가슴 맴돌아 흐르고
> 재를 넘는 석양은 / 저만치 홀로 섰네
> 백합일시 그 향기롭던 / 너의 꿈은 간데없고
> 돌아서지 못한 채 / 나 외로이 예 서 있으니
> 부용산 저 멀리엔 / 하늘만 푸르러 푸르러

2003년 박기동 선생은 호주생활을 청산하고 귀국, 서울에서 살다가 2004년 87세를 일기로 타계했다. 1997년, 호주에 살 때 목포 출신 연극인 김성옥(연극배우 손숙 씨의 부군) 씨가 찾아와 「부용산」의 2절을 작시해 달라고 권유했다. 한 편으로 완결된 자유시 「부용산」에 정형시처럼 2절을 덧붙인다는 것이 문학적으로는 이상했지만, 박기동 선생은 멀지 않은 자신의 죽음을 앞두고 「부용산」 이후 자신의 신산했던 삶을 되돌아보려는 듯 위와 같이 2절을 작시했으니, 시 「부용산」이 2절의 노래 「부용산」으로 마무리되기까지는 50년의 세월이 흘렀다.

심포지엄

이 재 웅

1.

노동가요가 그치는가 싶더니 구호가 들려온다. 구호는 대충 두 가지 정도인데, 노동탄압을 중지하라는 것과 해고노동자를 복직시키라는 것이다. 함성이 뒤따른다.

나는 오층 복도의 창가로 다가가 창을 열고 밖을 내려다보았다. 시위대는 H빌딩의 정문 앞 대로를 점령하고 있다. 사오십 여명쯤이다. 시위대 중 몇몇은 붉은 띠를 두르고 있고 붉은 색 조끼를 입고 있었다. 몇 개의 깃발이 나부끼고 있었고 구호에 맞춰 피켓이 높이 들어 올려 졌다가 내려앉곤 했다.

전경들은 H빌딩 정문 앞에 몇 겹으로 늘어서서 시위대를 지켜보고 있었다. 시위대의 네 배쯤 되었다. 그 옆으로도 백여 명의 전경들이 화단에 앉아 대기 중이었다. 경찰들은 시위대가 위험하지 않다고 판단하거나 아니면 언제든지 제압 가능하다고 판단하고 있는 듯 했다. 하긴, 사오십 명쯤이다.

구호가 그쳤다. 이제 구호를 선창하던 노동자는 자신들이 왜 투쟁에 나설 수밖에 없는가에 대해서 마이크를 쥐고 항변, 성토, 선동하듯이 이야기하기 시작했다. 목소리는 높고, 가끔 스피커의 빗나간

기계음이 허공을 찌르곤 한다. 나는 창문을 닫았다. 창문을 닫는 것만으로도 시위대의 소리는 크게 줄어들어 의미가 분명했던 말소리는 어떤 둔탁한 소음으로 변질된다.

나는 복도를 걸어 나가며 열려진 창들을 닫고, 손목시계를 확인했다. 오후 두 시 이십분 전이었다. 심포지엄은 두 시에 예정되어 있으므로 아직은 여유가 있는 셈이었다.

나는 오층 로비를 가로질러, M홀로 향했다. M홀 정문 앞에는 책자 배포대가 설치되어 있었고, 두 명의 여자 대학원생이 심포지엄의 참석자들에게 팜플릿과 참고책자, 식순이 기재되어 있는 유인물 등을 나눠주고 있었다. 두 사람은 이번 심포지엄에 기획위원으로 참여한 Y교수의 제자들로 아침부터 심포지엄의 진행을 도와주고 있었다.

나는 두 대학원생과 목례로 간단한 인사를 나누었다. 그 다음에는 M홀 정문으로 가서, 문을 열고, 안쪽으로 고개를 디밀어, M홀 안의 상황을 점검했다. 강단 위 테이블은 세팅이 끝난 상태였다. 관람자들은 사십여 명 정도인데 심포지엄의 사회자와 패널들을 기다리며 잡담을 나누고 있었다. 잡담 소리 외에 간혹 시위대의 소리가 통창을 통해 깃들었다. 다행히 심포지엄 진행이 방해될 정도는 아니었다.

나는 문을 닫고 책자 배포대 앞으로 걸어 나왔다. 그리고 다시 두 대학원생과 인사를 나누고 심포지엄 강연자들이 대기하며 휴식을 취하고 있는 소회의실로 향했다.

소회의실은 여덟 평 남짓이었다. 중앙에 긴 테이블이 놓여 있었고, 접철식 의자가 그것에 여러 개 딸려 있었다. 한쪽에 용도불명의 원탁 테이블이 놓여 있었고, 벽을 따라서는 소파가 놓여 있었다.

내가 소회의실에 들어섰을 때, 소회의실에서는 재단 사무국장과 Y팀장, 심포지엄 사회를 담당한 T교수가 중앙의 긴 테이블에 앉아 세 명의 심포지엄 패널들과 캔 음료를 마시며 잡담을 나누고 있었다.

"시간이 다 됐습니다."

나는 다가가서 정중히 말했다.

"시간이 벌써 그렇게 됐나?"

재단 사무국장이 손목시계를 확인하며 묻듯이 말했다. 그리고 세 명의 심포지엄 참여자들과 몇 마디를 더 나누더니 자리에서 일어났다. 그가 일어나자, Y팀장이 일어나고, T교수와 심포지엄 패널들도 거의 동시에 의자에서 엉덩이를 뗐다. 악수를 나누고, 마지막 덕담을 나누느라 잠시 부산스러웠다.

마침내 작별인사가 끝나자, 재단 사무국장과 Y팀장이 먼저 소회의실을 나섰다. 그리고 잠시 후, 심포지엄 강연자 세 명이 T교수를 좇아 소회의실을 나섰다. 나는 그들을 M홀로 안내해갔다.

M홀에 도착했을 때, 시간은 거의 두 시가 다 되어 가고 있었다. 나는 T교수와 세 명의 심포지엄 패널들을 강단 쪽으로 안내해갔다. 관람자들의 시선이 그들에게 쏠리고, 그들은 주목받는 것에 대한 자부심과 부끄러움, 기쁨을 억제하느라고 이상하게 경직되고, 또 한편으로는 지나치게 겸손한 태도로 걸음을 옮겼다. 이윽고 그들은 한 명씩 강단으로 올라섰고, 자신들의 명패가 놓인 테이블 앞에 차례로 착석했다.

나는 그들이 모두 이상 없이 자리를 잡는 것을 보고, 통로를 되짚어 올라가 M홀 뒤쪽의 구석진 자리로 갔다. 그리고 의자에 앉아 강단 쪽을 내려다보았다.

“안녕하십니까?”

사회를 맡은 T교수가 인사말을 했다.

2.

나는 심포지엄이 시작된 지 십 분쯤 지나서 카메라를 챙겨들고 자리에서 일어났다. 그리고 맨 뒤 쪽으로 나가 전체적인 풍경을 카메라에 담고, 또 강단 위를 두세 컷 찍은 다음, 강단 쪽으로 이동해 관람자들을 두세 컷 찍었다. 이 사진들은 결과보고서에 사용될 것이다.

나는 M문화재단에서 일하고 있다. 담당한 영역은 사업기획 쪽이지만, 실제로는 온갖 잡일을 다 하고 있다. 비정규직은 아니다. 하지만 월급과 노동량, 노동 강도 등을 따져보면 비정규직과 별반 다를 바 없다. 노후가 보장되지도 않는다. 다른 직원들 역시 나와 크게 다를 바 없다. 그리고 그 때문에 재단 이사장과 재단 이사장과 친분이 두터운 주요임원 두어 명을 제외하고는 십년 이상 근속자가 거의 없다. 나 역시도 언젠가는 M문화재단을 떠날 궁리를 하며 일하고 있다.

어쨌거나, M문화재단에서는 지난 달 부터 「문화예술의 전망」이라는 다소 포괄적인 주제로 심포지엄을 주관하고 있었다. 십 회 연속으로 기획되어 있었고, 이번이 다섯 번째였다. 나와 H, S가 돌아가며 당번을 섰다.

내가 플랜카드를 카메라에 담고 이제 사회자와 각 패널들의 상반신 사진을 찍으려 할 때, 휴대폰이 진동했다. 나는 허리를 숙인 채 강단 앞에서 출입문 쪽으로 멀찍이 물러나와 휴대폰을 확인했다. 집주인이었다. 나는 어찌할까 하다가 피할 수만은 없다 생각하고 카메라를 손에 쥔 채 조용히 출입문을 빠져나왔다.

나는 J빌라의 투룸에 거주하고 있다. 반 전세, 반 월세 형태로 사천만 원을 보증금으로 붓고, 이십만 원의 월세를 내는 식이다. 몇 년을 그렇게 지내왔다. 그런데, 최근 집주인은 보증금을 두 배로 올려주고, 이십오만 원을 내든지, 아니면 월세로 사십만 원을 내든지 하라고 통보해왔다. 정부의 정책으로 전세 이익이 예전 같지 않아 자신도 부득불 전세비율을 올리거나 아예 월세로 전환하지 않을 수 없다는 것이다.

월급이 적은 나에게 사십만 원은 버거운 것이었다. 게다가 관리비 칠만 원에, 가스비와 전기세, 수도세를 합하면 그저 집을 유지하는 데에만 육십만 원이 훌쩍 넘는 돈이 소요되는 셈이었다. 이사를 하면 좋겠다. 하지만, 직장과의 거리를 고려하고, 무엇보다도 최근 부동산의 동향을 고려할 때 이사를 한다고 해서 뾰족한 수가 생기는 것도 아니었다. 그저 이사비용만 낭비하는 꼴이 되기 쉬웠다. 그래서 나는 이주 전 우선 통장을 털어 전세로 이천만 원을 밀어 넣어주고, 향후 이천만 원은 마련되는 대로 넣어 주겠노라고 약조를 했다. 그런데, 이주가 지나도록 그 약조를 지키지 못하고 있다. 천오백만 원은 아버지와 큰 형에게 손을 벌려 해결했지만, 오백만 원을 해결하지 못한 것이다. 그것은 애초 오백만 원을 더 빌려주기로 한 큰 형이 경제적 상황이 좋지 않아 입금 날짜를 미루고 있기 때문이었다.

"집주인이에요."

내가 로비로 나와 휴대폰의 잠금장치를 해제하자마자 집주인은 말했다. 네. 알고 있습니다. 나는 굽신거리듯 말했다. 다른 게 아니라 잔금 약속한 날짜가 열흘이 지났잖아요. 나도 많이 기다려준 듯한데. 알고 있습니다. 잔금을 마저 처리해주셔야지. 열흘이 넘었는데도 아무 소식이 없으면 저도 서운해요. 죄송합니다. 막말로다가 그 쪽이나 반 전세로 두지. 다른 집들은 다 월세로 돌렸어요. 젊은 사람 고생하는 거 생각해서 그나마 그렇게 한 건데. 그럼 그 쪽도 생각을 좀 해주셔야지요. 죄송합니다. 죄송합니다 할 게 아니라 약조를 확실히 해줘요. 저도 그 오백만 원 때문에 자꾸 신경 쓰고 또 전화하는 거 좋지 않아요. 죄송합니다. 아 죄송할 게 아니라 날짜만 정확히 하면 될 걸. 사나흘만 더 시간을 주십시오. 사나흘이면 돼요? 네. 또 미뤄지고 그러면 안돼요. 서로 얼굴 붉혀서 좋을 것 없잖아요. 죄송합니다. 제가 이번에는 확실히 하겠습니다. 제발 그래주세요. 그 후에도 몇 분간 대화가 오갔다. 그리고 그 사이 엘리베이터가 멈추더니, P가 모습을 드러냈다.

내가 통화를 끝냈을 때, P는 내게서 일 미터쯤 떨어진 곳에 서서 로비 난간에 상체를 기댄 채, 밑을 내려다보고 있었다. 한 달에 몇 번은 그렇듯이 낮술에 취해 얼굴이 벌겋게 달아올라 있었다.

그는 M문화단체에서 계절마다 펴내는 문화예술잡지의 편집장 겸 기자 겸 카메라맨이었다. 혼자서 잡지의 모든 것을 제작하고 관리하는 것이다. 그는 이년 전쯤에 P시 외곽에 카페를 하나 차렸다. 바리스타 자격증을 딴 아내에게 은행 빚까지 내 투자하는 형식이었다. 그는 그 가게가 적절한 수익을 내면 M문화재단을 그만두고 카페 일에 전념할 계획이었다. 하지만, 지금까지 그 카페는 제대로 된 수익을 내지 못하고 있다. 이것저것 제하고보면 순익이 한 달에 백오십만 원도 채 못 되는 것이다. 게다가 그 순익의 폭마저 점차로 줄어들고 있었다. 그것은 몇 달 전에 그 일대에 카페가 세 개나 더 들어섰기 때문이었다. 일할 곳은 변변치 않고, 간접세와 물가는 해마다 오르고, 어떻게든 현실을 타개해볼 궁리로 온갖 사람들이 자영업에 뛰어들지만, 그것은 또 다른 덫으로 작용한다.

"시작했지?"

P는 물었다. 그는 잡지의 특집 기획에 붙여 이번 심포지엄을 다룰 생각이다.

"웬 낮술이야?"

나는 대답 대신 물었다.

"뭐, 그렇게 됐어. 담배나 한 대 태우지."

P는 어떤 곤혹스러움에서 도피하듯이, 혹은 자신의 지난 시간을 무시하듯이 말했다.

나와 P는 비상계단 쪽으로 옮겨갔다. 각자의 담배를 꺼내, 입에 물고 불을 붙였다. 계단 벽에는 H빌딩 전체가 금연구역으로 지정되어 있으며, 따라서 건물 내 어디에서도 흡연을 할 수 없다는 안내문이 부착되어 있었다. 하지만 바닥에는 담뱃재가 시커멓게 문질러져 있었고, 계단 위에는 담배꽁초가 담긴 종이컵이 놓여 있었다. 우리도 신경 쓰지 않는다.

"이번 심포지엄은 회당 얼마짜리야?"

P는 물었다.

"이것저것 떼면 회당 백오십정도 남기나봐."

나는 말했다.

“십 회니까, 천오백만 원은 남기는 거네?”

“그런 셈이지.”

“강연자들은 두당 얼마씩 처 줘?”

“삼십 정도.”

“두 시간 때우고 삼십이면 괜찮네.”

우리는 동시에 담배연기를 내뿜었다.

“강연자들은 쓸 만해?”

“그저 그렇지.”

“여기 오기 전에 대충 훑어봤더니 듣보잡들이 많던데?”

“어차피 관람자들은 아주 유명한 인물 아니면 잘 모르니까.”

“하긴 뭐. 장사만 잘되면 되지. 강연자들 이름값 차이라는 게 미디어의 조명 값 차이이니까.”

우리는 침을 뱉었다.

그 때, 거센 함성소리가 들려왔다. P는 계단참 한쪽에 딸린 통창 쪽으로 가서, 통창을 열고, 밖을 내다보았다.

“쟤들은 왜 여기서 저래?”

P가 시위대에 시선을 둔 채 물었다.

“나도 잘 몰라. 여기 건물주가 저 사람들 사장인가 봐. 본사 사무실도 이 건물에 위치해 있고.”

“니미, 해보려면 최소 몇 백 명은 끌고 와야지. 저 숫자 갖고 뭘 해보겠다는 거야?”

“숫자 많아도 뭐 뾰족한 수가 있나? 몇 만 명 모여도 끄떡없는 걸. 한국이 그렇지.”

우리는 다시 담배 연기를 내뿜었다.

3.

나와 P는 비상계단에서 십오 분쯤 시간을 보내고, 함께 M홀로 향했다. 출입문에서 책자를 나눠주던 두 대학원생은 보이지 않았다. 나와 P는 출입문을 열고 들어갔다. 그리고 심포지엄의 정숙한 분위기를 깨뜨리지 않기 위해 허리를 숙이고, 발소리를 죽여, 내가 이미 잡아둔 자리 쪽으로 이동했다. 내가 M홀을 나서기 전에는 그 곳이 맨 뒤쪽이었지만 그 사이 십여 명쯤 되는 관람자들이 그 뒤로 자리를 잡았다. 모두 대학생들이었다.

심포지엄은 이제 패널A가 발표를 끝내고, 패널B의 발표로 넘어가고 있었다. 사회를 맡은 T교수가 B를 소개하고 있었다.

M홀은 정숙했다. 하지만 그것은 관람자들이 강단 위의 패널들과 사회자에 집중하고 있다는 의미는 아니었다. 그것은 어떤 면에서는 집단적인 무료함 같은 것이었다. 가령, 앞쪽에서 여섯 번째 줄에 앉은 중년의 사내와 열 번째 줄에 앉은 노인은 벌써부터 꾸벅꾸벅 졸고 있었다. 내 앞에는 이십대의 대학생 두 명이 앉아 있었다. 두 명 모두 탁자 위에 전공서적을 꺼내놓고, 또 한 쪽에는 노트를 꺼내놓은 채 리포트 과제에 열중하고 있었다. 그 곳에서 좌측으로 일 미터쯤 떨어진 곳에는, 캠퍼스 커플로 보이는 남자 대학생 한 명과 여자 대학생 한 명이 앉아 있었다. 남자 대학생은 두 귀에 이어폰을 꽂은 채 휴대폰의 스크린을 내려다보며 모바일 게임에 빠져 있었다. 그 옆의 여학생은 누군가와 끊임없이 카톡을 주고받고 있었다. 이 대학생들은 지금 강단에서 사회를 맡고 있는 T교수의 제자들이었다. 그는 심포지엄의 관람자들이 적게 참여할 것을 우려해 자신의 제자들을 동원한 것이다. 여기에 Y교수의 대학원생 제자 대여섯 명, 또 H

작가의 문학회 제자들 대여섯 명을 제외하면, 실제로 심포지엄에 순수하게 자신의 뜻을 가지고 참여한 인원은 고작 서너 명 안팎이었다. 그 서너 명마저도 이번 심포지엄에 지대한 관심이 있다기보다 H빌딩 인근의 거주자들로 자신들의 하루를 무의미하게 보내지 않기 위해 참여한 것에 불과하다. 결국, 이렇다 보니 심포지엄이라는 것이 패널들과 관람자들의 활발한 질문과 답변, 토의 속에서 진행되어야 함에도 불구하고 패널들과 관람자들의 소통은 거의 없고, 그저 패널들의 강연 혹은 발표와 패널들 간의 대화로 끝나는 것이 대부분이었다. 패널들끼리 자부심을 느끼고, 웃고 떠들고, 덕담을 나누는 것을 관람자들은 그저 멍청히, 또 무료하게 지켜보다가 두 시간이 끝나는 것이다. 실제로 심포지엄이 끝나면, 관람자들은 곳곳에서 하품을 하고 기지개를 켠다. 그리고 그제야 어떤 정신적 노동에 감금되었다가 풀려나는 것처럼 활기가 피어오른다.

P는 자리에 앉은 지 오 분여쯤 지나자 카메라 가방에서 카메라를 꺼내고, 또 렌즈를 부착했다. 그리고 패널B가 자신의 발표문을 읽어나갈 때 즈음, 자리에서 일어나 앞쪽으로 가더니 카메라의 플래시를 터뜨리기 시작했다.

나도 P를 좇아 카메라를 들고 자리에서 일어났다. P가 사진을 찍는 김에 통화를 하러 나가기 전 찍어두려 했던 패널들의 상반신 사진을 마저 찍으려는 것이다.

나는 강단 앞으로 갔다. 그리고 강단 한쪽에 쭈그리고 앉아 패널들의 상반신을 하나씩 카메라에 담아갔다.

내가 가장 먼저 카메라에 담은 인물은 사회를 담당하는 T교수였다. 그는 올해 쉰 둘인가 넷인가 그랬고, 고집이 셌지만, 예의차원에서의 인품은 온화한 편이었다. M문화재단과 관계를 맺고 있는 몇몇 교수들을 비롯해 인문분야 전문가들과 함께 이번 심포지엄의 기획을 담당했다. 그는 미술비평을 오랫동안 해왔는데, 그의 입지는 젊은 예술가들의 성장과 함께 이루어진 것이었다. 그 때문인지 그는 확실히 자신을 어느 정도 진보적이라고 여기고 있었다. 하지만 그것은 정치적이라거나 사회적이라기보다는 젊은 세대들의 새로운 미술품들을 끊임없이 찾아 자신의 비평적 영토 안에 편입시키려는 비평적 욕망과 결부되어 있는 것이었다. 따라서 그의 진보성이라고 하는 것은 젊고 새로운 세대들의 거칠고 퇴폐적이고 불안정한 피에서 비롯되는 어떤 자연발생적이고 난잡한 전위성 따위에 맞닿아 있는 것이었고, 그의 진보적 견해라는 것도 그런 것들에 시대적인 의미를 덧입혀주는 것 이상은 아니었다. 그는 최근에 사회나 정치가 보수화되면서 형식적 전위성과 내용적 비혁명성이라는 이율배반에 빠진 젊은 미학의 한계를 깨닫고 은근슬쩍 정치나 사회적인 맥락에서의 진보성에도 손을 뻗치고 있었다. 너는 왜 이제까지 이런 입장에서 비평을 해오다가 또 왜 저런 입장으로 슬그머니 옮겨가려 하느냐 하는 조롱과 비난을 받을까봐 동료 비평가들의 눈치를 보면서, 미술비평 따위에는 어두운 대중들을 상대로는 제법 과감히 그런 발언들을 해나가는 것이다. 어쨌거나, 젊은 미학의 진보성이 정치적, 사회적 진보성을 대체하고 있는 그는 담론적 영역에서는 진보적이었지만 역사적 의미에서는 보수적인 인간으로서 심포지엄 기획을 하는 동안 Y교수나 문화비평가인 W와 대립을 하기도 했다. Y교수나 W의 경우에는 젊은 미학을 과대포장하면서 입지를 다져온 T교수에 비하면 애초에 정치적, 역사적, 사회적 진보성과 예술적 진보성에 일정정도 일관성과 균형을 갖춘 인물들로서 심포지엄을 기획하고 패널들을 설정하는 과정에서부터 T교수와 마찰을 빚을 수밖에 없었던 것이다. T교수는 젊은 예술가들의 성장과 함께 유명세에 있어서는 Y교수나 W를 능가하는 것이었지만, 심포지엄 기획단계에 있어서는 고집 세고 떼쓰는 어린아이처럼 굴었다. 자신이 인정받지 못할까봐 꽤 안달 난 모습이기도 했다.

그 다음은 패널A였다. 그는 예순 후반쯤이었다. 그는 향토 사학자인데, 아마도 이번 심포지엄 기획에 D가 참여하지 않았다면 패널에 끼지 못했을 것이다. M문화재단의 이사장을 비롯해 주요간부들은 사회적으로뿐만 아니라 정치적으로도 대단히 보수적인 인물들이었다. 하지만 M문화재단의 많은 사업들은 정치적으로까지는 아니더라도 사회적으로 꽤나 진보적이라고 여겨지는 지식인들과 함께하는 경우가 많았다. 그것은 사회적으로 왕성하게 활동하는 지식인들의 연령이 사십에서 오십대 초반 대라는 것과 어느 정도 관련이 깊었다. 그 세대는 80년대와 90년대 초를 관통해온 세대로서 대학을 경험한 경우에는 사회적으로 진보적 성향이 강한 세대인데다가 전문지식인들의 경우에는 그 비율이 압도적으로 높았던 것이다. M문화재단 자체로서는 이것이 큰 문제가 되지 않았다. 어쨌거나 M문화재단에서는 문화예술사업의 원활한 진행이 최우선이기 때문이었다. 하지만, 외부에서는 이에 대한 곱지 않은 시각이 존재하는 것도 사실이었다. 따라서 M문화재단은 자신들이 중립적이라는 것을 대외적으로 끊임없이 홍보하지 않을 수 없고, 실제로 사업이 지장 받지 않는 선에서 정치적으로나 사회적으로 보수적인 인물들을 섞지 않을 수 없다. 문제는, 최근 소위 보수정당 출신이 시장이 되면서 암암리에 이에 대한 압박이 커진다는 것이었다. 심포지엄에 국한해 보더라도, M문화재단에서는 예산을 지원하는 P시의 눈치를 보지 않을 수 없다. 그런데 예산을 배분하고, 집행하고, 감시하는 관계자들 중 상당수가 시장의 눈치를 본다. 따라서 M문화재단에서는 이번 심포지엄에 그쪽과 친분이 두터운 D를 슬그머니 참여시키지 않을 수 없었다. 그리고 D는 진보성향을 띠는 기존 지식인들이 '끼리끼리 해먹었다' 는 식으로 은근히 비판하면서 자신과 친분이 두터운 지식인들을 패널로 대거 끌어들인다. 패널 A도 그렇게 심포지엄에 자리를 잡았다.

패널B는 이번 심포지엄의 유일한 여성 패널이었다. 그녀는 서른 초반쯤인데, 시쳇말로 요즘 가장 핫한 여성 작가 중 한명이었다. 주요일간지에 심심치 않게 이름이 오르내리고, 또 문학상도 두어 개 받은 것이다. 그녀와 친분이 두터운 T교수가 그녀를 적극 추천했다. 그녀의 작품이 요즘 이삼십대 여성들의 목소리를 대변하고 있다는 것이다. T교수 외에 M교수가 제법 호의적이었다. 하지만 다른 여섯 명의 교수들과 전문가들은 회의적이었다. 그녀의 목소리 중 태반은 소녀의 것에 불과하고, 내용은 아이디어적이고, 미학은 일관성이 없다는 것이다. 또 인생의 의미 정도는 담고 있지만 그것이 사회적이라거나 시대적이라거나 하는 것으로까지 확대해석할 수는 없다는 것이다. T교수의 논리대로라면 사회적이거나 시대적이지 않은 목소리가 없다. 아기의 옹알이 속에서도 이 시대를 추출할 수 있는 것이다. 하지만 결국에는 T교수의 제안을 받아들였다. 그것은 T교수의 자존심을 존중해줘야 하고, 또 어쨌거나 패널A와 균형을 맞추기 위해 젊은 세대가 한 명 들어가야 했기 때문이었다. 패널 간 성비를 맞추는 것에도 유용했다. 무엇보다도 심포지엄의 흥행을 위해서 대중적으로 이름값 있는 패널이 필요했다. 말하자면 다른 기획위원들은 T교수의 의견에 전적으로 동감한 것은 아니지만, 외적인 조건들을 고려할 때 나쁘지 않다고 판단했던 것이다.

패널C는 이제 막 마흔 살에 접어든 문화비평가였다. 그는 대학시절에는 철학을 전공했고, 그 후에는 미학을 전공했는데, 어떤 면에서는 T교수의 후계자라고 할 수 있었다. 그 역시 젊은 미학에 의미를 덧입혀주고, 젊은 문화예술가들의 성장과 함께 새로운 문화비평가의 주축으로 성장했던 것이다. 그리고 그 또래의 젊은 문화비평가들 상당수가 그렇듯이, 그 역시 한 번도 자신의 담론적 진영을 공식적으 표명하지 않았지만, 더 나아가 오히려 그것을 역겨워하고 경계를 부숴야한다고 주장했지만, 그의 논리가 소위 (한 때 열풍이었고 이제 퇴물이 된, 그러나 여전히 파생담형태로 존속하는) 포스트모더니즘 담론 진영에 기대고 있다는 것은 분명한 것이었다.

그는 T교수의 후계자 중 한명이었지만, T교수와는 사뭇 다른 태도를 가지고 있었다. T교수는 자신의 불완전한 진보성 앞에서 전전긍긍했다. 하지만 C의 경우에는 의연했다. 그것은 개인적인 성격의 차이 이전에, T교수의 세대가 가진 공동체의식과 C의 세대가 가진 공동체 의식에서 차이가 있기 때문이었다. T교수에게 포스트모더니즘은 대단히 조심스러운 담론이었다. 하지만 C에게 그것은 기존 세대와 대립각을 세우면서 자신 세대의 목소리를 낼 수 있는 하나의 새로운 담론 영토였다. 어쨌거나 C에게 T교수는 담론의 선배였고, T교수에게 C는 후배였다. 그들의 비평적 생명력은 그렇게 세대적으로 호응하며 결속하고 있는 것이다. 그래서인지 알 수 없지만, 최근

T교수가 그렇듯, C역시도 은근슬쩍 정치적, 사회적, 역사적 진보성 쪽으로 관심을 돌리고 있었다. T교수가 그렇듯이 C역시도 한국의 사회적, 경제적 모순이 심화되면서 다시금 시대적인 무드가 변화하고 있으며, 자신들이 기대고 있던 담론에 대해 자신들보다 젊은 인문학자들이 호의적이지 않을 뿐만 아니라 심지어 비판적이라는 것을 감지하고 있는 것이다. 최근 C는 문화와 사회학을 결부시키기도 하고, 또 리얼리즘 관련 세미나에 은근히 자신의 이름을 올리기도 했다. 아이러니 한 것은, 그런 C를 이번 심포지엄의 패널로 들인 것이 T교수가 아니라 어떤 면에서는 C와 담론적으로 대척점에 서 있는 문화비평가 W라는 것이다. 그것은 얼마만큼은 담론적 진영보다도 개인적 친분이 더 크게 작용했기 때문이기도 했지만, 또 다른 한편으로는 W의 안이한 생각 때문이기도 했다. 그는 자신이 서 있는 담론영역이 C의 담론영역과 만나 폐쇄성에서 벗어나 더 확장될 수 있다고 막연히 여겼는가하면, 더 새로워질 수 있다고 여겼고, 그러자면 C와 같은 후배와의 접촉이 필요하다고 여겼던 것이다. 무엇보다도 그는 이런 계기를 통해 C가 자신들의 담론 영역에 호의적이기를, 또 그 쪽에서도 어떤 반성의 계기가 되기를 바라고 있었다. 하지만 지난 네 번의 심포지엄에서 확인할 수 있듯이 — 이번 심포지엄에서만 이런 역학관계가 드러나는 것이 아니니까 — C와 같은 인물에게 W의 호의는 이력의 보완과 자신도 시대적인 것과 공동체적인 것을 염두에 두고 있었다는 면죄부만을 발급하는 것에 불과했다. C는 자신의 입지가 어떤 담론적 영토에서 성장했고, 또 성장할 수 있는지 알고 있는 것이다.

어쨌거나, 이런 뒤엉키고 복잡한 관계 속에서 — 삼회와 사회 때는 아나키즘적 입장과 예술지상주의, 민족민중예술론과 모더니즘/포스트모더니즘을 모두 거부하며 자신을 정통주의자라고 자처하는 예술가까지 등장해 이것보다 훨씬 복잡했다 — 네 사람은 한 명의 사회자와 세 명의 패널로 나뉘어 강단 위에 앉아 있다. 그리고 심포지엄에 대한 열의라고는 조금도 찾아볼 수 없는 관람자들을 상대로 인문과 문화와 예술, 시대와 사회와 역사를 이야기하고 있다. 이 시대에 이것은 어떤 의미가 있을까요? 제 생각에는 여전히 데리다나 롤랑바르트가 참고가 될 수 있다고 봐요.

나는 상반신을 모두 따고, 다시 내 자리로 돌아갔다. 그 때쯤 강단의 좌우를 오가며 사진을 찍던 P도 내 옆자리로 돌아와 카메라를 가방에 담고 있었다. 고생해. 이제 어디로 가? 소극장 밴드 공연 담으러. 이따 저녁에 사무실에서 봐. 그래 너도 고생해. 우리는 속삭이듯이 인사말을 주고받았다. 곧 P는 M홀을 조심스럽게 빠져나갔다.

나는 P가 떠난 후, 다이어리를 꺼내 일정을 확인했다. 심포지엄은 네 시에 끝나기로 되어 있다. 하지만 대체로 패널 간 대화가 길어지거나 강연이 길어지기 때문에 네 시 반 정도는 잡아야 할 것이다. 여하 간에 심포지엄이 끝나면, 네 명의 참여자를 배웅해주고, 뒷정리를 한 다음, 사무실로 복귀하면 된다. 그러면 다섯 시 반쯤 될 것이다. 그 때부터 결과보고서를 작성하고, 사흘 후에 있을 육 회째 심포지엄을 점검하고, 저녁식사를 한 다음, 성명서 두 개를 쓰고, 시에서 주최하는 페스티벌에 참여할 공연 기획의 초안을 짜면 된다. 그 과정에서 관계자 네 명과 통화를 해야 한다. 퇴근은 밤 아홉시나 열시쯤 될 것이다. 나는 일정 확인을 하는 중에 전세값 오백만 원에 대해서 생각하기도 했다. 어쨌거나 큰 형에게 다시 전화를 걸어볼 수밖에 없다. 하지만 어젯밤까지 벌써 세 번이나 전화를 했고, 더 이상 염치가 없다. 그렇다면, 역시 은행 대출이다. 오백만 원은 소액이니 겁날 것은 없다. 하지만 학자금 대출을 모두 갚았을 때 다시는 은행 빚 따위는 지지 않겠다고 이를 갈지 않았던가. 그 원칙이 또 무너진다.

이런 생각 속에서 피로가 두 어깨에 서서히 내려앉았다. 그것은 일단 심포지엄에서의 일이 어느 정도 일단락 된 것에서 오는 긴장감의 하강이기도 했고, 또 그럼에도 아직 남아있는 하루의 일정에 대한 짜증이기도 했다. 전세값에 대한 스트레스이기도 했다. 하지만 무엇보다도 아직 남아있는 인생 전체가 밀고 오는 추상적인 피로감이었다. 언제쯤 이것을 벗어날 수 있을까? 나는 다이어리를 덮었다. 그리고 피로와 함께 급격히 찾아드는 졸음 속에서 멍하니 앉아 심포지엄을 지켜보았다.

강단 위에서는 이제 막 패널 C가 자신의 발표문을 읽고, 그것에 대한 짤막한 멘트를 어떤 노래가사처럼 덧붙이고 있었다. 패널A가 애국주의에 입각해 현재 예술의 흐름에 대해 도덕적인 훈계조의 비판을 덧붙였다면 그는 나지막한 목소리로 젊은 세대들의 미학을 옹호하고, 대중들에게 위로의 말을 건네고 있는 것이다. 의미심장한 것 같기도 하고, 그저 말장난 같은 말들도 덧붙인다. 우리 시대의 예술적 텍스트라는 것은 결국 감정의 헛발질 같은 것은 아닐까요? 그는 스물 여섯 살 된 한 젊은 미술가의 작품으로부터 언어 너머의 언어를 발견한다. 그것은 지도에 없는 새로운 길, 그래서 혼돈, 최종적으로 새로운 미학의 꿈틀거림이란다. 나는 졸린 의식 속에서 그의 순정하고 말랑말랑하고 겸손한 저음을 듣는다. 그것은 간헐적으로 울리는 작은 북소리같다. 졸린 의식, 그래서 잡념의 죽음과 함께 예민해지는 신경은 그 북소리의 틈새에서 주파수처럼 미세하게 파동치고 있는 수많은 목소리들도 잡아낸다. 그것은 내 주변에 앉아 있는 관람자들의 목소리이다. 누군가가 말한다. 그게 우리와 무슨 상관이야? 또 말한다. 난 B+밖에 안돼 장학금을 놓쳤어 이제 어떻게 해? 열네 번 떨어졌다. 내가 돈이 어디 있어 천만 원은 나중에 계산해준다고 그래. 요즘은 공무원이 왕빵이지. 내가 셋째인데 왜 시어머니를 모셔. 그 애 동생이 또 가출했대. 저녁 뭐 먹을래? 어떻게든 해봐야지. 죽기야 하겠어? 죽고 싶다. 어쩌면 수백 년, 수천 년 전부터 반복되었을지도 모르는 일상의 대화들. 심포지엄의 정숙한 분위기를 망치지 않기 위해 억눌린 듯이 은밀하게 속삭여지는 목소리들. 어느 순간에 그것들은 단숨에 끊겼다. 나는 내가 잠들어버렸다고 생각했다. 잠든 중에도 그것을 의식하고 있었다. 그리고 그것을 깨뜨린 것은 거대한 함성소리였다. 나는 눈을 떴다. 패널 C도 말을 멈췄고, 내 주변의 관람자들도 대화를 멈췄다. 남아있는 것은 거대한 침묵이었다. 그리고 사람들의 시선은 일제히 함성소리가 밀려들고 있는 M홀의 통창들로 향해 있었다. 함성 소리 뒤편에 욕설과 비명, 무엇인가 깨지고 부서지는 소리가 들려왔다. 노동가요의 볼륨이 최대치로 높아졌다.

시위대하고 전경하고 붙었나보다.

내 뒤편에서 한 대학생이 옆에 앉아 있는 대학생에게 나지막이 말했다.

잠시 후, 통창의 창문 하나가 깨졌고, 주먹만 한 돌덩어리가 하나가 날아 들어왔다.

4.

나는 엘리베이터에서 내리자마자 H빌딩 후문의 로비 쪽으로 걸어 나갔다. 내 뒤에는 T교수와 패널A, B, C가 뒤따랐다. 나는 로비를 재빨리 가로질러 후문 앞의 상황부터 살펴보았다. 예상대로 정문과는 달리 그 곳은 잠잠했다. 전경 오십여 명이 두 줄로 인간 바리게이트를 치고 대기하고 있는 게 전부였던 것이다.

"이 곳으로 나가시면 될 듯 싶습니다."

나는 막 로비를 가로질러 후문으로 다가서는 T교수와 패널A, B, C에게 말했다. 그들은 내가 그랬듯 잠시 후문 앞의 상황을 살폈다. 그리고 마침내 안전하다고 판단되자, T교수가 악수를 건네며"고생하셨습니다."하고 인사말을 건네 왔다.

"교수님도 수고하셨습니다."

나는 공손히 허리를 숙이고, 그의 손을 붙잡으며 말했다. 그 후에 패널A, B, C와도 인사를 나누었다.

그들은 나와 인사를 마친 후에 후문을 나섰다. 그리고 전경들의 뒤편으로 해서 골목 쪽으로 걸어 나갔다. 그들은 심포지엄을 무사히 마친 것에 홀가분해하고 기뻐하며 끊임없이 대화를 나눴다. 그런데, 그들이 채 후문 앞을 벗어나기 전에 한 떼의 시위대들이 모습을 드러냈다. 열댓 명 정도였다. 그들은 자신들만으로도 오십여 명의 전경들을 뚫고 후문으로 진입할 수 있다는 듯 갑시다! 비켜 새끼들아! 하고 소리를 치면서 힘차게 돌진해왔다. 하지만 곧 대여섯 명은 전경들에게 휩싸여 감금되다시피 하고, 열 명 정도는 외곽으로 밀쳐졌다. 시위대 중 두 어명은 각목을 쥐고 있었는데, 전경들의 방패 위로 버둥거리듯 두어 번 휘두르다가 그 다음에는 일방적으로 폭행을 당하고 제압을 당했다. 단숨에 아수라장이었다.

T교수와 패널A, B, C는 이 갑작스레 발생한 폭력적인 상황 앞에서 당혹스러워하고 주춤거렸다. 그들은 어떤 혐오를 피해가듯이 골목 쪽으로 잰걸음을 했다. 그런데 그들이 나아가려는 골목 입구에서 시위대 두 명이 전경들의 감금을 뚫고 달아나다가 넘어졌고, 곧 열댓 명쯤 되는 전경들에게 짓눌려 짓밟혔다. T교수와 패널A, B, C는 두려워하면서도 그들을 도와야 하는지 망설이고 있었다. 하지만 그들은 곧 다시금 걸음을 옮겼다. 그것은 전경을 지휘하던 경찰 간부가 T교수와 패널A, B, C를 향해서 "다칩니다! 빨리 가세요! 빨리 가요!"하고 반 재촉하듯 반 강압하듯 소리쳤기 때문이었다. 그들은 걸음이 서툰 오리새끼들처럼 허둥거리면서, 뒤를 돌아보면서, "갑시다. 어서 갑시다."하고 서로를 종용하면서 골목 안쪽으로 사라져갔다.

나는 그들이 안전하게 후문을 벗어난 것을 확인하고, 후문 로비 쪽으로 걸음을 옮겼다. 어쨌거나 심포지엄은 무사히 끝났고, 이제 나에게 남겨진 일은 심포지엄의 뒷정리를 깔끔하게 해내는 것뿐이었다.

보이지 않는 사람

장 주 식

1.

옛날 옛날 먼 옛날, 어느 호숫가에 커다란 마을이 있었어. 마을의 외딴 곳에 집 한 채가 있었는데, 거기엔 보통 사람의 눈에는 보이지 않는 사람이 살고 있었지. 그 사람은 위대한 사냥꾼이었어. 사냥꾼은 하나 밖에 없는 여동생과 같이 살았어. 여동생의 눈에는 사냥꾼이 보였을까? 당연히 보였지.

2.

소녀들은 누구나 사냥을 잘하는 위대한 사냥꾼과 결혼하고 싶어 했어. 사냥꾼이 말했어.

"나를 볼 수 있으면 바로 결혼하겠다."

이 말을 듣고 수많은 소녀들이 외딴 집을 찾아 왔어.

3.

위대한 사냥꾼은 하루 종일 숲에 들어갔다가 저녁 무렵이면 밖으로 나왔어. 결혼하려고 찾아온 많은 소녀들이 사냥꾼을 만나는 때가 바로 이때였지. 사냥꾼이 사냥한 동물을 내려놓으면 여동생이 오빠의 팔을 잡고 서서 소녀들에게 물었어.

"우리 오빠의 모습이 보이나요?"

그럼 대부분의 소녀들은 이렇게 대답했지.

"네, 물론이죠. 아주 잘 보여요."

안 보인다고 대답하는 소녀는 하나나 둘 정도였어. 그럼 여동생이 다시 이렇게 물었어.

"우리 오빠가 어떤 어깨띠를 하고 있나요?"

어떤 소녀는 파란 가죽, 어떤 소녀는 노란 가죽, 어떤 소녀는 빨간 가죽으로 만든 어깨띠를 하고 있다 말했어. 마치 각자 자기가 좋아하는 색깔을 말하는 것 같았지. 여동생이 호호호 웃으며 조용히 말했어.

"당신들에겐 우리 오빠가 보이지 않는군요."

4.

날마다 소녀들은 찾아왔지만 아무도 위대한 사냥꾼을 보지 못했어. 어떤 소녀들은 이렇게 떼를 쓰기도 했어.

"하룻밤을 오두막에서 같이 지내게 해주세요. 밤에는 볼 수 있을지도 몰라요."

"그렇게 하세요."

여동생은 선선이 허락했지. 많은 소녀들이 식사도 같이 하고 하룻밤을 같이 묵기도 했어. 하지만 위대한 사냥꾼을 본 소녀는 없었어.

5.

이웃 마을에 아내를 잃은 남자가 있었어. 남자는 세 딸이 있었는데, 막내딸은 몸집이 작은데다 자주 아팠어. 둘째 언니는 막내에게 부드러웠지만 큰 언니는 화를 내면서 꾸짖었어.

"그렇게 약해 빠져서 세상을 어떻게 살아가겠니."

큰 언니는 막내를 강하게 만든다고 온갖 힘든 일을 시켰어. 먼 곳에 가서 물을 길어 오게 하고 날마다 아궁이에 불을 지피고 음식을 하게 했지. 큰 언니는 벌건 숯으로 막내의 손과 얼굴에 화상을 입히기도 했어. 막내는 온 몸에 불에 덴 상처가 생겼어. 그래서 마을 사람들은 막내를 '누덕누덕 기운 피부를 가진 소녀' 라고 불렀어. '불에 데인 자국의 소녀' 라고 부르는 사람도 있었지.

6.

어느 날, 아버지가 막내딸의 처참한 모습을 보고 두 언니에게 물었어.

"막내가 왜 이렇게 되었느냐?"

둘째 언니가 말을 못하게 막고 큰 언니가 얼른 대답했지.

"얘가 잘못한 거예요. 불 옆에선 조심해야 된다고 그렇게 말했는데도 듣지 않고 불장난을 하다가 이렇게 된 거에요."

아버지는 언니 말을 잘 들으라고 막내딸을 꾸짖었어요. 막내는 그렇게 하겠다고 아버지에게 대답했어요.

7.

마침내 두 언니에게도 때가 왔어. 위대한 사냥꾼을 만나러 갈 차례가 된 거지. 두 언니는 예쁘게 보이려고 얼굴을 화장하고 구할 수 있는 가장 좋은 옷을 골라서 입었어. 두 언니는 보이지 않는 사람의 오두막으로 갔어. 사냥꾼 여동생이 두 언니를 반갑게 맞이했고. 저녁 무렵 위대한 사냥꾼이 집으로 돌아왔어. 여동생이 사냥꾼의 팔을 잡고 물었지.

"우리 오빠가 보이나요?"

"물론 보입니다."

두 언니가 대답했어. 여동생이 물었지.

"어떤 어깨띠를 하고 있나요?"

"무두질한 가죽 끈으로 된 어깨띠에요."

"무두질한 가죽 끈인데, 검은 색입니다."

큰 언니와 둘째 언니가 각각 대답했지. 여동생이 호호호 웃으며 말했어.

"우리 오빠가 보이지 않는군요. 이 차나 한잔 마시고 돌아가세요."

8.

언니들을 따라 사냥꾼을 보러 가지도 못하고 혼자 있는 막내딸에게 아버지가 모카신 한 켤레를 줬어. 늘 맨발로 살던 막내는 기뻐서 활짝 웃었어. 하지만 모카신은 낡은데다 몹시 컸어. 신발을 신으면 무릎 위 허벅지까지 올라왔어. 막내는 호수로 가서 모카신을 물에 담겨놓았어. 털가죽으로 만든 모카신은 물에 넣어 놓으면 오그라들어서 조금 작아지거든.

9.

막내는 언니들에게 조개껍질인 '왐펌'을 좀 달라고 했어. 왐펌은 목걸이를 만드는 아름다운 조개껍질이야.

"이 못생긴 아이야. 너한테는 목걸이가 필요 없어."

큰언니는 매정하게 거절했지만 둘째언니가 조금 나눠줬어. 막내는 왐펌 몇 개로 엉성한 목걸이를 만들었어. 그리고 막내는 숲으로 들어가 자작나무 껍질을 벗겨왔어. 나무껍질을 대충 손질해서 옷을 만들었지. 자작나무 껍질 드레스를 입으니까 막내는 마치 할머니처럼 보였어. 목에는 엉성한 왐펌 목걸이를 걸고, 발에는 모카신을 신었어. 신발은 좀 작아지기는 했지만 그래도 무릎까지 올라왔어. 신발이 너무 커서 걸을 때마다 "헐터덕! 헐터덕!" 소리가 났어.

10.

막내가 마당을 나서려고 할 때야. 두 언니가 그 꼴을 봤어. 큰 언니가 물었지.

"이 바보야. 그 거지꼴을 하고 어디를 가려고 그러니?"

"위대한 사냥꾼의 오두막에 갈 거야."

"뭐라고? 니가 아주 미쳤구나. 그만두지 못해?"

큰 언니가 비웃다가 말고 화를 냈어. 늘 막내를 편들어 주던 둘째언니도 말렸어.

"애야. 놀림만 받을 거야. 가지마라."

하지만 막내는 듣지 않았어.

"나는 가고 싶어. 사냥꾼을 볼 수 있는지 알아보고 싶어."

막내는 당당하게 말하곤 헐터덕, 헐터덕 소리를 내면서 걸어갔어.

11.

사냥꾼의 여동생은 점점 오두막으로 다가오는 한 사람을 봤어. 몸집이 아주 작은 소녀였지. 불에 그을려 오그라들은 머리카락은 산발이었어. 얼굴은 새빨갛게 달아올랐고, 할머니 차림의 자작나무 껍질 옷을 입은 아이. 무릎까지 오는 모카신을 헐터덕거리며 오는 소녀, 바로 막내였지. 사냥꾼의 여동생은 막내를 반갑게 맞이했어.

"어서 오세요."

여동생은 향기가 나는 따뜻한 차를 막내에게 대접했어.

12.

차를 한 모금 마시고 났을 때, 위대한 사냥꾼이 숲에서 나왔어. 사냥꾼은 점점 오두막으로 다가왔지. 여동생이 사냥꾼에게 다가가 팔짱을 끼고 막내에게 물었어.

"이 사람이 보이나요?"

"아아, 보여요. 참으로 멋진 분이군요."

막내가 감탄을 하면서 눈을 크게 떴어. 여동생이 방긋 웃으며 물었지.

"우리 오빠는 어떤 어깨띠를 하고 있나요?"

"무지개에요. 아름다운 무지개를 어깨에 두르고 있군요."

사냥꾼 여동생이 감격한 얼굴이 되었어. 살짝 떨리는 목소리로 이렇게 물었어.

"오빠가 손에 들고 있는 채찍은 어떤 거죠?"

"은하수에요. 은은하게 빛나는 채찍이에요."

막내가 조금도 머뭇거리지 않고 대답했어. 사냥꾼의 여동생이 "아아!"하고 소리를 내며 막내에게 다가와 손을 잡았어.

"당신에겐, 정말 우리 오빠가 보이는 군요."

위대한 사냥꾼은 여동생과 막내를 바라보며 빙긋 웃었어. 그런 사냥꾼에게 여동생이 말했어.

"오빠는 잠깐 밖에서 기다려요. 들어오라고 할 때까지요."

13.

사냥꾼의 여동생은 막내를 데리고 집으로 들어갔어. 여동생은 막내의 몸을 정성스럽게 씻겼어. 여러 가지 약초를 넣은 따뜻한 물에 말이야. 그러자 그동안 켜켜이 쌓였던 때와 상처가 말끔히 사라졌어. 머리를 감기니까 오그라들어 뻣뻣했던 머리카락이 새의 깃털처럼 부드러워졌어. 얼굴을 씻으니 눈동자는 별처럼 반짝였어. 콧날은 오똑 서고, 입술을 발간 앵두처럼 붉었어. 막내가 방긋 웃었는데 온갖 꽃들이 한꺼번에 피어나는 것 같았지.

"자, 이 옷을 입어요."

사냥꾼의 여동생은 결혼할 때 입는 옷을 내놨어. 막내가 옷을 입는 동안 여동생은 목걸이와 팔찌를 걸어줬지. 몸단장이 다 끝났을 때 여동생이 말했어.

"이제 여기에 앉도록 해요."

여동생이 오두막의 가운데에 놓인 의자 두 개 중 왼쪽에 앉으라고 했어. 막내가 자리에 앉자 여동생이 밖으로 나갔어.

14.

조금 뒤 위대한 사냥꾼이 여동생과 함께 집 안으로 들어왔어. 무지개 어깨띠를 하고 은하수 채찍을 손에 든 그 사냥꾼이 말이야. 세상 어떤 남자보다도 잘 생긴 사냥꾼이 막내에게 고개를 숙이고 나서 말했어.

"드디어 찾았군요. 나의 아내여!"

막내도 자리에서 일어났어. 그리고 위대한 사냥꾼처럼 고개를 숙여서 인사를 하고 나서 말했어.

"네. 저도 오늘을 기다렸답니다. 나의 남편이여!"

신랑신부가 의자에 나란히 앉아 정답게 이야기를 나눴어. 그 동안 여동생은 식탁을 차렸지. 이렇게 결혼식을 마치고 세 사람은 즐겁게 저녁식사를 했어.

■총평

사복불언蛇福不言과 언어화엄言語華嚴

조 성 면

삶과 문학이 등가를 이루던 열정의 시대가 있었다. 아무리 어렵고 힘든 일이 있어도 읽고 쓰는 일이 있었기에 우리는 행복하였다. 홍성원의 표현을 빌리면, 그것은 "즐거운 지옥"이었다. 당연히 이 "즐거운 지옥" 속에서는 지옥 자체의 고난만 있었을 뿐 자잘한 세속적 욕망이나 고통 따위가 끼어들 여지는 없었다.

여기, 또 하나의 작은 지옥이 앞에 놓여있다. 프린터의 온기도 가시지 채 않았고 토너 냄새도 아직 남아 있는 출력물! 가장 기대되고 설레는 순간이다. 또 어떤 세계, 어떤 언어, 어떤 상상력을 만나게 될 것인가.

아직 책으로 탄생되지 않은 원고 상태에서 최초의 독자가 되어 글을 읽고 쓰는 일은 어쩌면 비평이란 이름으로 누릴 수 있는 최대의 영광이며 호사다. 그러나 영광의 순간은 잠시 최초의 독자라는 설렘과 무거운 책무가 공존하는 즐거운 지옥 속에서 이제 휠레

(hyle) 상태의 의미로 떠도는 텍스트에 언어의 옷을 입히는 지난한 작업에 돌입해야 할 참이다.

『슬픔이 없는 땅으로 데려다 주오』는 『압록강 같은 서사시를 쓰고 싶다』에 이어 우리 경기민예총 문학위원회가 두 번째로 펴내는 공동 작품집이다. 아직은 동인지나 잡지를 펴낼 여건이 되지 않아 특정한 주제 없이 각자의 개성과 자율에 맡겨두고, 그 개성과 생각들을 모아 각본 없는 형상적 구조물을 만들어 내고자 기획하였다.

'슬픔이 없는 땅으로 데려다 주오'는 홍일선 선생님의 동명시를 제목으로 삼은 것이다. '슬픔이 없는 땅'에는 두 개의 시적 차원이 존재한다. 하나는 세월호 참사로 희생된 꽃다운 영령들에 대한 추모와 함께 이처럼 어이없는 참사가 더 이상 발생하지 않기를 바라는 시적 염원이요, 다른 하나는 생로병사라는 철리는 어쩔 도리가 없겠으나 제도적 폐해와 사회구조적 모순으로 인한 슬픔이 없는 자유와 평등의 대동 세계에 대한 뜨거운 열망이다.

그런데 선생의 시를 이렇게 읽는 것은 매우 편의주의적이다. 시집 『농토의 역사』와 『한 알의 종자가 조국을 바꾸리라』에서 보여주었던 치열한 변혁의 의지가 『흙의 경전』에서는 민중의 재발견과 자연에 대한 합일로 보다 구체화하더니, 동명의 표제시에서 확인한 바 이제 그는 '홍일선의 여주시대'라고 할 제3기로 불쑥 진입했기 때문이다. 말과 글로만 하는 "동포형제 운운"과 "홍익인간 운운"에서 벗어나 "오른쪽 눈"과 "왼쪽 눈", 왼팔과 오른팔, 왼쪽 날개와 오른쪽 날개가 한 몸이요 무심하고 유장하게 흐르며 모든 것을 감싸 안는 세물머리[1]처럼 세상만물이 "일심동체"임을 깨닫는다. 그는 존재하는 모든 일체가 한울님이요. "님"임을 깨달은 견성시인見性詩人임에 분명하다. 그런데 이와 별개로 누구나 꿈꾸고 모두가 부러워하는 시인과 농부의 삶을 겸하여 누리고 있으니, 참 미우시다.

이 견성도인의 미래는 고은 선생님의 「손님」과 「어떤 御命」에서 엿볼 수 있다. 우리문학의 원로로 이제 수원에 주석하시면서 그냥 붓을 가져다대면 시가 되고 시가 나오는, 고 선생님처럼 그도 곧 시와 사람이 하나인 詩人一體의 시인되리라.

고 선생님의 근작시 두 편을 보노라니 자꾸 추사의 마지막 작품인 봉은사의 현판 '판전板殿'이 생각난다. 순진무구한 아이의 꾸밈없는 가장 질박하고 아름다운, 추사가 기어코 추사 자신도 넘어버린 이른바 무구동진체無垢童眞體! 「손님」은 그런 작품이다. 그러면 손님은 누구일까? 어쩌면 그는 하늘이 처음 열리던 까마득한 날부터 시작해서 홍적세와 캄브리아기 등 영겁의 세월을 거쳐 자원방래自遠方來하신 기다리고 고대하던 벗이요, 그리움이요, 휘이휘이 인생길 고갯길을 넘어온 '참나'이기도 하며 또한 그는 기꺼이 "온돌 아랫목"을 권해 드려도 될 자격을 갖는 분이시다.

「어떤 어명」은 을묘년 원행에서 정조가 보여준 "그대 취하지 않고는/ 못 가"라는 세상에서 가장 아름다운 왕명 불취무귀不醉無歸란 어명과 정조의 마음을 시적 대상으로 삼은 수원문학이며 고졸古拙함의 극점에 도달한 작품이니 도저히 비평의 언어가 닿지 못한다.

그런가 하면 용환신·정수자 선생님 등을 비롯해 47명의 시인을 만나는 것은 가슴이 벅찬 일이다. 일상에 대한 깊은 통찰과 사회적 아픔에 공명하는 따뜻한 분노와 사물에서 삶의 비의를 읽어내는 성찰적 사물시(physical poem)에 이르기까지 풍성한 시적 성취가 참으로 감사하고 감사할 따름이니 모두 건필하시고 늘 여여(如如)하시옵길!

이 절차탁마의 시편들만 해도 충분한데, 우리 문학의 중심을 잡아주고 있는 현기영·김학민 선생님과 작가 이재웅 그리고 장주식 두 분의 작품이 가세한 것은 천군만마를 얻은 것이나 진배없다.

한국현대사의 속살을 파헤친 현기영 선생님의 『누란』에 대해서는 첨언을 붙일 필요가 없을 터이고, 고 박기동 선생님의 절창 「부용산」를 다룬 김학민 선생님의 글을 통해 민족사와 세계사의 업장인 분단체제의 도저함을 다시 한 번 확인할 수가 있었다. 그리고 지식인들의 실천 없는 담론의 성찬을 시위대와의 대비를 통해 아프게 환기시켜주고 있는 단편 「심포지엄」과 시적 정의(poetic justice)의 힘을 재확인시켜주는 동화 「보이지 않는 사람」 또한 흥미롭다.

우리가 펴내는 두 번째 작품 모음집에는 시 92편에 산문 4편이 수록되었으며, 시인 47명과 4인의 원로 및 젊은 작가가 참여하였다.[2)] 그야말로 언어가 구축한 작은 화엄의 세계인 셈이다. 최초의 독자로서 모든 작품에 대해 논의해야겠으나 요령부득인데다 물리적으로 가능하지 않기에 다른 자리를 빌려 토론하는 기회를 찾아보아야겠다. 그리고 우리끼리, 선수끼리 문장으로 주고받아야 하겠는가, 때로는 마음과 진정성으로 감상을 나눌 일이다.

『슬픔이 없는 땅으로 데려다 주오』의 발간에 즈음하여 문득 『삼국유사』를 인유한 『작가들』 창간사가 떠오른다. 한국문학의 보고이며, 상상력의 터전인 『삼국유사』에 보면 사복이란 낯선 인물의 기적담이

나온다. 사복은 과부의 아들로 열두 살이 되도록 말도 하지 못하고 걷지 못한 잉여인간이요, 방외인이었다. 그 사복이 홀어머니가 죽자 당대의 고승 원효를 청하여 포살수계布薩授戒를 부탁한다. 이름 없는 민초의 부탁을 원효가 받아들인 것이다. 장례식을 거행하며 원효가 영가를 위해 노래한다.

"태어나지 말지어다, 죽기가 괴롭다. 죽지 말지어다, 태어나기가 괴롭다(莫生兮 其死也苦 莫死兮 其生也苦)."

이에 사복은,

"말이 번거롭다" 면서

"죽고 사는 것이 괴롭다(死生苦兮)" 고 했다.

사복은 권세를 휘두르는 귀족도 거금을 주무르는 부유한 자도 세상에 널리 이름을 알린 유명인도 아니다. 과부의 자식인데다 몸도 언어도 성치 않았던 이다. 그런 사복이 당대의 고승 원효에게 짧은 법설마저 번거롭다며 일축한다. 최원식 교수는 '원효의 자리와 사복의 자리' 라는 '작가들 창간사' 에서 사복이 민중불교를 표방한 원효보다 더 민중적이고 실천적이라는 점을 적시한 바 있다.[3] 그러나 원효의 노래는 노랫말과 깨달음이 자연스럽게 연결되는데 비해 사복의 말은 간결하여 즉각적이고 실천적이나 문학의 효용을 외면하고 있다는 점에서 원효의 노선을 더욱 발전시키는 작업이 긴요하다는 점을 강조한다.

그의 말대로 사복과 원효의 노선은 우리에게는 모두 귀중한 자산이다. 전지구적 자본의 대공세 속에서 여전히 문학이야말로 인간과 "인간해방을 위한 중요하고도 심오한 도구의 하나"[4]이며, 그러한 한 원효의 깊은 울림을 주는 노래와 사복의 즉각적 실천 모두 다 중요하기 때문이다.

마음과 상상력과 언어의 세계에는 경계가 없다. 우주보다 크며, 무한보다 크다. 그야말로 대화엄의 세계인 것이다. 모든 것을 경제적 기준으로 농단하는 자본의 논리가 우리를 속이고 십년의 권세가 역사의 시계를 되돌리고 있는 것처럼 보이나 이 또한 언젠가는 안개처럼 속절없이 사라질 것이다. 이에 각별히 유념하면서 언어의 화엄을 지향하되, 때로는 모든 말이 번거롭다는 사복불언蛇福不言 고사에 간과하지 않으시면서 언어도단言語道斷의 문학적 진리에 이르시고 창작과 실천의 꽃을 활짝 피우시길 심축한다.

■주註--------

1) 여주를 관통하는 남한강의 별칭인 여강驪江 · 용인의 청미천淸美川 · 원주에서 발원한 섬강蟾江이 합수되는 여주시 점동면 도리의 합수지점을 '세물머리'라 한다.

2) 본고는 계산에 넣지 않았다.

3) 최원식, 「원효의 자리와 사복의 자리」, 『작가들』, 1999년 가을, 창간호, 3쪽.

4) 같은 곳.

■부록 – 약력

고　은 : 시인 생활 50여 년. 시집 여럿. 한국민족예술인총연합 초대 의장.

현기영 : 1975년 동아일보 신춘문예 등단. 11대 한국문화예술진흥원 원장. 전 한국작가회의 이사장. 작품집 『순이삼촌』, 『변방에 우짖는 새』, 『지상에 숟가락 하나』 외.

강정숙 : 2002년 중앙일보 신인문학상 시조부문 수상. 시집 『환한 봄날의 장례식』, 시조집 『천개의 귀』

권오영 : 2008년 『시와반시』로 등단.

권혁재 : 2004년 서울신문 신춘문예로 등단. 시집 『투명인간』 외.

권현형 : 1995년 『시와시학』으로 등단. 시집 『중독성 슬픔』, 『밥이나 먹자, 꽃아』, 『포옹의 방식』

금은돌 : 2013년 『현대시학』으로 등단. 연구서 『거울 밖으로 나온 기형도』

김대술 : 성공회 사제. 2011년 『시와 문화』로 등단. 시집 『바다의 푸른 눈동자』

김선향 : 2005년 『실천문학』 신인상으로 등단.

김영주 : 2009년 『유심』으로 등단. 시집 『미안하다, 달』

김왕노 : 1992년 매일신문 신춘문예로 등단. 시집 『슬픔도 진화한다』, 『말달리자 아버지』, 『그리운 파란만장』 외.

김천영 : 1989년 교사문학 동인지 『그러나 백묵이여』, 2007년 2인 시집 『산책』으로 작품 활동 시작.

김학민 : 칼럼니스트. 저서 『564세대를 위한 변명』, 『맛에 끌리고 사람에 취하다』, 『길을 찾는 책읽기』 외.

김현성 : 가수 겸 작곡가. 세 권의 시집과 『오선지 위를 걷는 시인들』 출간.

맹문재 : 1991년 『문학정신』으로 작품 활동 시작. 시집 『물고기에게 배우다』, 『사과를 내밀다』, 『기룬 어린 양들』 외.

박설희 : 2003년 『실천문학』으로 등단. 시집 『쪽문으로 드나드는 구름』

박완호 : 1991년 『동서문학』으로 등단. 시집 『물의 낯에 지문을 새기다』, 『염소의 허기가 세상을 흔든다』, 『너무 많은 당신』 외.

박해람 : 1998년 『문학사상』으로 등단. 시집 『낡은 침대의 배후가 되어가는 사내』, 『백 리를 기다리는 말』

박홍점 : 2001년 『문학사상』으로 등단. 시집 『차가운 식사』, 『피스타치오의 표정』

방남수 : 1993년 『문예한국』으로 등단. 시집 『보탕』

서수찬 : 1989년 『노동해방문학』으로 등단. 시집 『시금치 학교』

서정택 : 2006년 농민신문 신춘문예 당선.

서정화 : 2007년 白水정완영 전국시조백일장 장원, 『나래시조』 신인상으로 등단. 시집 『유령그물』, 『나무 무덤』

성향숙 : 2008년 『시와반시』로 등단. 시집 『엄마, 엄마들』

양정자 : 1990년 시집 『아내일기』로 등단. 시집으로 『아이들의 풀잎노래』, 『가장 쓸쓸한 일』, 『내가 읽은 삶』 외.

오춘옥 : 1986년 『심상』으로 등단. 시집 『뒷모습이 말했다』

용환신 : 1985년 자유실천문인협의회 기관지 『민족문학』으로 작품활동 시작. 시집 『우리 다시 시작해 가자』, 『겨울꽃』, 『아직도 노래할 수 없는 서정을 위해』

우대식 : 1999년 『현대시학』 등단. 시집 『늙은 의자에 앉아 바다를 보다』, 『단검』 『설산 국경』 외.

우은숙 : 1998년 〈동아일보〉 신춘문예 당선. 『마른꽃』, 『물무늬를 읽다』, 『소리가 멈춰서다』

윤한택 : 2000년 〈사람과 땅의 문학〉 동인.

이덕규 : 1998년 『현대시학』 등단. 시집 『다국적 구름공장 안을 엿보다』, 『밥그릇 경전』, 『놈이었습니다』

이선균 : 2010년 『시작』 등단.

이은유 : 1996년 『현대시』로 등단. 시집 『이른 아침 사과는 발작을 일으킨다』, 『태양의 애인』

이장곤 : 2000년 『정신과 표현』으로 등단.

이재웅 : 2001년 『실천문학』으로 등단. 작품집 『럭키의 죽음』, 『불온한 응시』, 『그런데 소년은 눈물을 그쳤나요』

이정원 : 2002년 〈불교신문〉 신춘문예, 2005년 『시작』 등단. 시집 『내 영혼 21그램』, 『꽃의 복화술』

이진희 : 2006년 계간 『문학수첩』으로 등단. 시집 『실비아 수수께끼』

이향란 : 2002년 시집 『안개詩』로 등단. 시집 『슬픔의 속도』, 『한 켤레의 즐거운 상상』

이혜민 : 2003년 『문학과비평』으로 등단. 시집 『토마토가 치마끈을 풀었다』

임덕연 : 『교사문학』에 시를 발표하면서 시작 활동.

임 봄 : 2009년 『애지』로 시 등단. 2013년 『시와사상』 평론 등단.

임희구 : 2003년 제12회 전태일문학상 수상. 시집 『걸레와 찬밥』, 『소주 한 병이 공짜』

장주식 : 장편동화 『그리운 매화향기』, 『토끼청설모까치』, 『소년소녀 무중력 비행 중』

정수자 : 1984년 세종숭모제전 전국시조백일장 장원 등단. 시집 『탐하다』, 『허공우물』, 『저녁의 뒷모습』 외.

정용국 : 2001년 계간 『시조세계』로 등단. 시집 『명왕성은 있다』, 『난 네가 참 좋다』 외.

조동범 : 2002년 『문학동네』로 등단. 시집 『심야 배스킨라빈스 살인사건』, 『카니발』

조성면 : 문학평론가. 평론집 『경계를 넘고 간극을 메우며』 외.

차옥혜 : 1984년 『한국문학』 신인상으로 등단. 시집 『깊고 먼 그 이름』, 『비로 오는 그 사람』, 『발 아래 있는 하늘』 외.

최기순 : 2001년 『실천문학』 등단. 시집 『음표들의 집』

최재영 : 2005년 한라일보, 강원일보 신춘문예로 등단. 시집 『루파나레라』

한도숙 : 농민. 시집 『며느리밑씻개』, 『개불알풀꽃』

한우진 : 2005년 『시인세계』로 등단. 시집 『까마귀의 껍질』

홍순영 : 2011년 『시인시각』으로 등단. 시집 『우산을 새라고 불러보는 정류장의 오후』

홍일선 : 1980년 『창작과비평』으로 등단. 시집 『농토의 역사』, 『한알의 종자가 조국을 바꾸리라』, 『흙의 경전』 외.

슬픔이 없는 땅으로 데려다 주오

찍은날 2015년 12월 5일
펴낸날 2015년 12월 15일
엮은이 경기민예총 문학위원회
펴낸이 박몽구
펴낸곳 도서출판 시와문화
주 소 (13955) 경기 안양시 동안구 경수대로 883번길 33, 103동 204호(비산동, 꿈에그린아파트)
전 화 (031)452-4992
E-mail poetpak@naver.com
등록번호 제2007-000005호 (2007년 2월 13일)

ISBN 978-89-94833-19-4(03810)

정 가 10,000원

*이 작품집은 경기도의 지원을 받아 제작되었습니다.